CONSTRUIR

MUNDOS

David González Arribas

¿Cómo actuarías si supieras que todo va a salir bien?

© 2025 **Europa Ediciones** | Madrid

www.grupoeditorialeuropa.es

ISBN 9791256961603

I edición: diciembre del 2025

Distribuidor para las librerías: **CAL Málaga S.L.**

Impreso para Italia por *Rotomail Italia S.p.A. – Vignate (MI)*

Stampato in Italia presso *Rotomail Italia S.p.A. – Vignate (MI)*

**¿Cómo actuarías si supieras
que todo va a salir bien?**

Este libro va dedicado a ti, a mí.
Este libro está dedicado a los que están,
a los que no están y quieren estar, y a los que no están
pero sí están.

Por esas ocasiones en las que la duda ha sido una
constante.

Para recordarte, para recordarme,
para recordarnos,
que la duda no existe.

Solo hay certeza.

Dejar de saber es acercarse a Ser.
Dejar el conocimiento a un lado para adentrarse en la experiencia.
De esto trata la vida.
De esto trata este libro.

Disfruta.
David González Arribas.

Nota del Autor

Me gustaría comenzar este libro hablándote de los capítulos que contiene.

Lo primero que debes saber es lo que pongo en la primera página: este libro habla de certezas y no de dudas. Lo remarco una vez más dada su relevancia. He de decir que tendrás un hilo conductor sutil del que tendrás que darte cuenta para comprender y llevar a la práctica la totalidad del libro y, así, tener la certeza de que todo saldrá bien.

Además, te adelanto una pequeña parte del capítulo 10 y es lo siguiente: *Entonces, si todo esto es tan fácil y un chico de treinta y tantos años y sin ninguna repercusión mediática lo tiene tan claro, ¿por qué no se promulga a todo tipo de instituciones?*

Esta pregunta no me corresponde a mí contestarla y, cuando la pregunto al mismo lugar desde el que viene este libro, la respuesta que me viene dada es la siguiente: *todos tenéis dentro lo mismo. Era cuestión de tiempo y de agallas que se comunicara. Llevábamos varios intentos y David ha querido ponerlo en práctica. Se lo agradecemos.*

El agradecimiento no solo es de Ellos hacía mí, sino de mí hacia ellos.

Durante todo el proceso de escritura me he dado cuenta de que lo que he escrito no ha sido escrito por mí, sino por algo que te comento en varios de los capítulos finales. Este hecho ha provocado la profundidad de cada capítulo que, con un lenguaje cercano, te permitirá Ver, con otros sentidos que no tienen que ver con los ojos, aspectos que quizá pasabas por alto o quizá obviabas. De todos modos, te invitará a Ver.

En el capítulo 5 descubrirás a qué me refiero.

Procedo con esos breves titulares.

En el capítulo 1 introduzco el tema que servirá de hilo para los capítulos 2 y 3. Es el tema de la globalización desde un punto de vista nunca antes mostrado. Además, te desvelo qué es la duda.

En el capítulo 2, además del tema del primer capítulo, te lanzo la pregunta más importante que debes responder en tu vida. Sí, la más importante. La que marca la diferencia.

En el capítulo 3, además del tema del primer capítulo, vemos si estás conectado contigo mismo o con los demás. También te cuento algo acerca de la memoria celular, es decir, de ese punto que tiene el organismo de saber qué sucedió cuando teníamos 7 años y nosotros no recordamos conscientemente.

En el capítulo 4 te hablo de ego y de historia personal. También te cuento ejemplos de la importancia de hacer las cosas desde el lugar correcto. Comenzamos a ver esta idea.

En el capítulo 5 te hablo de tu esencia y de medicina china. Te cuento una teoría de su filosofía acerca de la toma de decisiones. Un tema que me resulta muy interesante.

En el capítulo 6 y 7 te cuento una experiencia personal que te permitirá ver más allá de lo que normalmente has visto.

En el 8 te cuento el don de la mediumnidad. El 8, sinceramente, no tiene desperdicio ya que escribo un mensaje que no es mío, sino de algo a lo que hay que hacer caso.

En el 9 te desvelo el ingrediente secreto que va a dar pie al último y definitivo capítulo, ese en el que se desvela la clave final. El ingrediente o condimento definitivo comienza con lo que eres y termina con lo que eres. Tiene el mismo principio y final.

En el capítulo 10 te cuento la clave de todo. No vas a entender su significado profundo si no lees los anteriores capítulos por lo que, no lo intentes. Te lo digo porque este libro no es para seguir en las superficialidades a las que nos han acostumbrado, sino para ojear e inmiscuirnos en la profundidad, en lo que realmente lo mueve todo. Así que, ¿qué sentido tendría que fueras al último capítulo sin entender su significado Real? Ninguno, así que, no lo hagas. Sigue el orden.

Este libro fue escrito en el lapso de 20 días. Desde que apareció la información en forma de certeza de que tenía que ser escrito, hasta la finalización del mismo. 20 días. Nada más. Espero que los disfrutes.

Introducción

Has vivido toda tu vida con dudas. Dudas acerca de qué ropa ponerte para ir al colegio, al instituto, a la universidad o al trabajo. Dudas de qué cocinar. Dudas de si hablar con ese chico o esa chica que te gustaba en el colegio, instituto, universidad, trabajo, bar, calle o donde sea que le hayas visto. Dudas de si lanzarte a emprender o seguir trabajando para otro. Dudas de si estas viviendo la vida que crees que mereces o la que mereces. Dudas de si irte de vacaciones a un sitio u otro. Dudas de si irte a vivir fuera de tu país de nacimiento o no. Dudas de cómo criar a tus hijos.

Dudas, dudas, dudas.

Todas ellas las has vivido como plausibles. Todas ellas parecían tener sentido cuando las viviste. Todas ellas tuvieron un peso y fueron destacadas. Todas ellas eran como este escrito que estás leyendo: agobiantes.

Has leído estas líneas de las dudas rápidamente y eso te ha llevado a la ansiedad. También has estado visitando ese estado ansioso debido a que estas líneas te ha hecho recordar diferentes momentos de tu vida. Es normal. Sé que te ha generado esa sensación porque a mí también lo ha hecho mientras lo escribía.

¿De qué trata este libro?

Este libro NO es una guía. Este libro NO te va a decir qué hacer. Este libro NO son los 7 pasos, ni las 13 claves, ni los 21 preceptos de absolutamente nada. Este libro trata de la simplicidad que encierra la certeza y que, una vez que lo leas, el Trabajo haga el Trabajo. Es decir, que a medida que vayas leyendo las siguientes líneas, algo se vaya activando en ti y vayas sintiendo que la vida es certeza, no duda.

Seguramente sea el libro que más me ha costado escribir. La razón es que no hay razón. Es decir, cada vez estoy explorando más la opción o propuesta de que intentamos buscar razones cuando lo único que encontramos son explicaciones o, mejor dicho, intentos de explicación. Por ejemplo, ¿por qué el cielo es azul? Si hablas con un oftalmólogo, te explicará que sucede en el cerebro, cómo actúa el nervio óptico para mandar la señal correcta y cómo interpretamos ese color como tal. Si hablas con un experto en medio ambiente, te contará cómo se condensan los diferentes gases y dan como resultado un cielo despejado que, sumado al vacío universal, da el color azul.

Como ves en el párrafo anterior, no tengo ni la menor idea de por qué el cielo es azul o qué te dirían cada uno de los diferentes expertos. Pero sí sé que cada uno te dirá una aproximación y una opción. En cambio, eso genera duda. ¿Cuál de ellos tiene razón? ¿Cuál me está diciendo verdaderamente el motivo por el que el cielo es azul? ¿Todos me dicen la verdad? ¿Todos me engañan?

Este libro va de certezas y cómo llegar a ellas. Para ello, veremos que no hacen falta tantas preguntas como nos hacemos hoy en día. Por eso, repito y recalco, **este libro trata de la simplicidad que encierra la certeza**.

Comencemos.

Capítulo 1

Los rodeos son para las películas americanas,
no para la vida.

Hoy en día tenemos un problema muy extendido. Se llama globalización.

Desde hace muchos, muchos siglos, se ha intentado imponer lo que un pueblo piensa o cree, a las tradiciones de otro pueblo. Dinamitando así su cultura, sus ritos, sus creencias e incluso sus festividades.

Hasta que, con la llegada de internet y la red de telecomunicaciones, se ha hecho posible. Ahora lo complicado es conectar con la esencia de cada uno y la esencia de la naturaleza, más que conectar con una persona que vive a 10.000 km de tu casa. Curiosamente, no sabes conectar contigo mismo pero sí sabes meterte en un portal de internet y chatear con una persona de un país remoto que nunca has visitado ni visitarás.

¿Qué sentido tiene? Biológicamente, ninguno.

No intentaremos desengranar el sentido biológico, sino ver qué sucede con la globalización.

Como digo, desde tiempos inmemoriales - *si no fuera por los diferentes libros de historia, no se sabría su inicio* - el ser humano intenta colonizar lugares. Aunque en dichos lugares aparezcan otros seres humanos, los colonizadores sienten que son mejores que ellos y que tienen que educarlos. Digo educarlos y no educarles porque cuando el ser humano se pone en plan superior, trata a los demás como si fueran sus súbditos. Peor aún, los trata como seres inferiores. Si no fuera así, si para los colonizadores las personas colonizadas no fueran inferiores, ¿qué sentido tendría intentar "educarles"? Se intenta educar con la propia cultura porque la propia cultura se cree mejor que la ajena.

Si utilizamos el sentido biológico aunque he dicho que no trataríamos ese tema - *bueno, miento, he dicho que no lo íbamos a desengranar* - veríamos que estamos hechos para coexistir. Una coexistencia exige respeto, no colonización.

Pues bien, en esa colonización se intentó conquistar diferentes ciudades y territorios. Lo único que se generaba eran guerras, masacres, muertes, devastaciones, etc. Todo parece muy lógico en pos de la coexistencia, ¿verdad? Nótese, por favor, la ironía del último comentario.

Este hecho no ha parado de suceder en ningún momento en la sociedad. Lo más reciente, para nosotros, es la globalización gracias a la electricidad. Dicha electricidad, se transforma en diferentes formas de energía que dan como resultado que podamos comunicarnos con una persona que está a miles de kilómetros de nuestra situación.

Otro modelo de colonización son los transportes que utilizamos hoy en día. Biológicamente hablando, una vez más me refiero a este tema, estamos diseñados para recorrer las distancias superficiales a pie o corriendo. Quizá, si nos subimos a un animal - *véase un caballo* - podamos recorrer otras distancias. El caballo, como el ser humano, va a necesitar un descanso prolongado. En cada viaje que hacíamos antiguamente, transcurrían días para recorrer una distancia de kilómetros. Hoy en día, en España tenemos la gran referencia del Camino de Santiago en el que, de promedio, una persona recorre entre 17 y 25 kilómetros al día. Si con un caballo recorreríamos más, es indiferente para el tema que quiero traer y dejar plasmado aquí.

Hoy en día, en cambio, por medio de un coche o una motocicleta, somos capaces de recorrernos 1.000 km en un día. Somos capaces de obligar a nuestra biología a cambiar un clima húmedo y frío o fresco, por un clima muy cálido en cuestión de 9 o 10 horas. Biológicamente, una vez más, hablando, esto es una auténtica locura. Un disparate de los buenos.

Aunque si, ya lo sé. Nunca se te habría ocurrido pensar que una causa de enfermedad, dolor, patología o enfermedad fuera un cambio tan brusco de ciudad, ¿verdad? Como te habrás dado cuenta, esto es solo una parte del pastel. Un pedacito.

Gracias a esa ansia del ser humano de seguir creciendo y produciendo, ¿por qué limitarse a ir por tierra? El ser humano inventó el avión. Un artilugio que nos permite cruzar absolutamente todo el globo terráqueo en, literalmente, un día. Una persona que vive en Madrid puede ir a Australia en 23-24 horas. Absolutamente bestial. Y para un organismo vivo, absolutamente criminal.

Entendemos rápidamente que no podemos cambiar a un animal de un ecosistema a otro. En cambio, nos lo pasamos por donde yo te diga cuando se trata de nuestra propia biología.

El avión nos permite recorrer grandísimas distancias en un corto espacio de tiempo. Esto, en una sociedad enferma de hiperproductividad, hace que al ser humano le venga muy bien en términos de eficacia para conseguir esa hiperproductividad. En cambio, el ser humano no está hecho para estas cosas.

El ser humano necesita adaptación. Tal y como la biología nos dice, para recorrer kilómetros y kilómetros necesitamos días y un ritmo adecuado a cada uno de nosotros. Caminar, correr y saltar, o la utilización de un animal respetando sus propios descansos, sí marca un ritmo natural para nosotros. Y ese ritmo natural hace que nuestro cuerpo se adapte. Cuando hablo de cuerpo, en este caso, hablo de toda la integridad del ser humano: mente, cuerpo, emoción, espíritu.

Esta adaptación, hoy en día, no se da. De lo único que entiende el ser humano en las sociedades que se suponen que son del primer mundo es de las dos P: prisa y productividad. No entiende de más. Bueno sí, de creerse lo que no es. El mundo está lleno, gracias a esa globalización que ahora veremos más en profundidad, de seres humanos que promulgan vivir una vida tranquila, sencilla y apacible, mientras recorren millones de km promocionando sus libros, tienen lesiones, patologías o diferentes dolencias, y no se dan cuenta de que la vida no es salir de ellas, sino vivir en constante salud. Hemos confundido resiliencia y superación, y las hemos puesto por bandera, cuando deberíamos de saber qué es la Salud para estar siempre en ese estado. Esto confirma que estas personas están llenas de dudas y no consiguen conectar con ellas mismas.

Las dudas nos alejan de ese estado de Salud. La certeza, en cambio, nos lleva de lleno a ese estado.

Hoy en día puedes saber qué vídeo ha subido a una red social una persona en Estados Unidos hablando de una temática concreta. En cambio, no eres capaz de subir al piso de arriba o de abajo y preguntarle a tu vecino qué tal está. Quizá ni conozcas su nombre. Quizá no te interese lo más mínimo. Quizá me estés tildando de loco ahora mismo.

Quizá no tenga razón, pero está visto y demostrado que las relaciones sociales son más saludables que las relaciones telemáticas. Puestos a elegir, mejor elige las primeras.

La globalización ha permitido que el ser humano se crea capaz de hacer cosas que, primero, no necesita; segundo, no son válidas para la Salud; y tercero y más importante, no son capaces y esto le va a generar más frustración, ira y miedo. Emociones que no nos dejan pensar con claridad. Emociones que nos limitan nuestras funciones. Emociones que hacen que vayamos hacia atrás cuando, quizá, ni haya que ir hacia delante.

La globalización te ha metido en la cabeza la importancia de estar conectado. ¿Conectado a qué? Me pregunto constantemente. Además, *si te desconectas te lo pierdes* habrás podido escuchar en más de una ocasión. Nadie quiere quedarse rezagado en el último disco del artista de turno, en el último campeón de Europa de fútbol o en qué sucedió ayer en un país que ni te va ni te viene pero que, como diferentes medios de comunicación o influencers te dicen que para ser mejor persona tienes que sentir X emoción o despotricar contra no se quién, te sientes mal si no lo haces.

No sé qué palabra utilizar para definir lo contrario a la globalización. Utilizaré, por ejemplo, tranquilidad, bienestar, serenidad, certeza. Bueno, podría utilizar muchas. Todas de ellas son agradables. Lo que quiero decir es que cuanto menos globalizado estés, más tranquilo vivirás.

La red está muy bien tejida para engancharte. Esa red te va a decir que tu negocio no puede prosperar sin las redes sociales. Esa red te va a decir que no vas a encontrar pareja salvo que te metas en una aplicación de citas. Esa red te va a dar 749 consejos - *como mínimo* - de cómo criar a tu hijo y ni siquiera te conocen (por supuesto, tampoco a tu hijo). Esa red te va a decir qué debes comer pero, no solo eso, sino qué no debes comer porque es poco menos que el demonio. Y lo mejor de todo, te lo van a contar de tal manera que vas a decir "tiene razón". Y si otra persona tiene razón, quiere decir que tú no la tienes. Por lo tanto, sucede algo maravilloso: te incrustan la semilla de la duda.

La duda es lo opuesto, lo contrario, a la certeza.
La duda es lo opuesto, lo contrario, a la tranquilidad.
La duda es lo opuesto, lo contrario, a la quietud.

Y, sin quietud, no hay Salud.

Capítulo 2

En un partido no ganan los dos equipos.
En la vida, si otro gana, tú también.

A o B. B o C.

Una opción u otra. Y, en otras ocasiones, las dos opciones. Pero aquí tengo que hablar claro ya que te he dicho en el primer capítulo que no me iba a andar con rodeos. En este, te digo algo acerca de ganar y perder. Algo que te generará rechazo, o al menos unas pequeñas ganas de combatirme. Me alegro, si eso ocurre es que he hecho buen trabajo al describirlo así.

He puesto este ejemplo de manera deliberada para ilustrar lo siguiente: en la vida tienes que elegir entre tú y los demás para que todo el mundo gane y, solo ganará todo el mundo si escoges la opción correcta. ¿Cuál es?

En el capítulo anterior has visto el error de creer en la globalización. Hace tiempo, no relativamente mucho, hablamos con una pareja de amigos. Estos amigos se habían ido de luna de miel a Tailandia, entre otros lugares. Nos compartieron su opinión: menos mal que las gentes que viven en las zonas de playa reciben turismo. Quisieron dar a entender que las personas que viven en las zonas de playa han salido beneficiadas gracias a la globalización, gracias a que este tipo de países, denominados exóticos, se hayan puesto de moda entre europeos y otros lugareños que no tienen dichos paisajes en sus respectivos países y, sobre todo, entre personas que les han creado la necesidad de conquista (conquistar una foto de un paraje concreto, un imán para la nevera, qué más da).

Aunque sea pequeña y no implique una guerra, cada persona que tacha de una lista un país o ciudad, lo vive como una pequeña conquista.

Esto ni es bueno, ni es malo. Desde dónde se haga esa conquista marca la diferencia entre si es algo bueno para la persona conquistadora, o, en cambio, es algo negativo para ella. Esto quizá lo veamos más adelante, no lo sé. Este libro está siendo escrito tal y como surge, no con un guión.

Volviendo al comentario que hicieron esta pareja de buenos amigos (no es irónico, son muy buenos amigos), no siento que solo salgan beneficiadas aquellas personas que se han visto invadidas cada año por muchas personas extranjeras. Eran personas que vivían en constante y pleno contacto con la naturaleza, que vivían acorde a sus posibilidades sin que nadie les dijera "tenéis la posibilidad de hacerlo mejor".

Creo que esta frase es uno de los grandes lastres de la sociedad humana y por eso la voy a repetir de nuevo: puedes hacerlo mejor.

Efectivamente, entendido dentro del contexto que estoy comentando. Porque esa frase, ese "puedes hacerlo mejor", si estás saliendo de una cirugía de, por ejemplo, espalda, puede ser una frase que te motive a hacer los ejercicios de recuperación. Esa frase también puede ser una grandísima ayuda cuando estás dedicando tu vida a la construcción y, en cambio, eres una persona con un poder de sanación absolutamente bestial y deberías dejar la construcción y dedicarte a profesiones que ayuden a sanar sus problemas a los demás.

Con esto, voy a intentar cerrar el círculo que he abierto en el segundo párrafo de este capítulo y vamos a ver qué opción es la que debes elegir para que ganen todos. No solo tú, o no solo los demás. Sino todos, absolutamente todos.

La opción es clara. La opción eres tú.

Aquí no te voy a dar motivos, razones ni justificaciones. Aquí te voy a ilustrar lo que necesitas Ver con algo más que tus propios sentidos. Si nos enredamos en los motivos, razones o justificaciones me las podrías rebatir todas y cada una de ellas. Nos enredaríamos en condicionamientos mentales que nos harían entrar en bucles continuos. Hace tiempo que salí de ellos y te invito a que hagas lo mismo. No porque yo lo diga, sino porque se vive mucho más tranquilo y a gusto. Pruébalo.

No te voy a dar motivos, razones ni justificaciones pero sí te voy a dar la utilidad de elegir dicha opción. Al elegir esta opción estás eligiendo Verte, con V mayúscula, y cuando eliges Verte, estás eligiendo Ver a los demás.

Hay una red mucho más potente que la que hemos comentado en el primer capítulo y es la red que nos da la certeza. Esa red nos conecta los unos a los otros. Algunos la llaman amor, otros Dios, otros Esencia y otros Energía. Personalmente, pienso que es indiferente el nombre utilizado y es cada persona el que hace la separación en el intento por denominar esa red con un nombre concreto.

Con esto, hago referencia a la frase introductoria de este capítulo en la que vemos que en la vida, todos ganamos.

Como te digo, no me voy a enredar en justificaciones. No te voy a contar que, eligiéndote a ti, se activa un receptor neuronal llamado *yomismopamina* que hace que la serotonina, la dopamina y la acetilcolina se fusionen como hicieron Goku y Vegeta en Bola de Dragón para dar una super hormona que te va a hacer andar como una linterna andante de tanta energía que vas a tener e irradiar.

Esto, lógicamente, es una hipérbole, no lo tomes como algo literal.

Toda la teoría de lo que sucede a nivel corporal es maravillosa y amplía una bestialidad nuestros conocimientos. Es maravilloso. También aumenta una parte de nuestro entendimiento. Pero solo una parte. Esto es importante que quede marcado y se sepa: es solo una parte. Ese entendimiento es teórico y arroja una hipótesis. Es, como decíamos en la introducción, como si quisiéramos explicar por qué el cielo es azul. Una visión del conocimiento te dirá una cosa y otra visión te dirá otra diferente. Ambas, quizá, se complementen. O quizá, no.

Una de las formaciones que más he disfrutado y que llevo la friolera de 16 años practicando es la Kinesiología Holística. Un método de testaje desarrollado por el fisioterapeuta belga Raphael Van Assche y que me es de muchísima utilidad. La pregunta que me han hecho pacientes, alumnos y amigos es la misma: si tú me testas y te sale que tengo un problema de hipofunción en el hígado, si me testa otro kinesiólogo, tiene que aparecer lo mismo, ¿verdad? La respuesta no es tan sencilla como un sí o un no. Si ese otro terapeuta se ha formado más en el sistema nervioso y en medicina ayurvédica, por ejemplo, quizá con el test y con la interferencia que se forma entre paciente-terapeuta, el cuerpo del paciente le decide mostrar otro aspecto de su vida a tratar.

Aquí está la clave: debido a la interacción entre paciente y terapeuta, el paciente muestra lo que desea que ese terapeuta concreto le trate. Se establece una unión y una comunicación que no son visibles, pero sí palpables (energéticamente hablando). Y, sobre todo, sí es Visible, desde un punto de vista que trasciende los órganos de los sentidos.

Esa clave es fundamental para demostrar mi teoría empírica - *no es mía, es decir, no soy yo el autor, tan solo la estoy plasmando en este libro* - de que estas explicaciones por las que yo te digo que el cielo es azul o que el problema del paciente viene derivado de una hipofunción del hígado, son igualmente válidos que tu explicación de por qué el cielo es azul y el problema del paciente que poníamos de ejemplo (hipofunción del hígado) viene derivado de una irritación del nervio frénico a la altura de C3-C4-C5. Ambas opciones son igualmente válidas, y el factor diferencial siempre es el paciente, o el cielo, y el terapeuta. Es decir, el objeto de estudio y la persona que lo estudia.

De este tema hay multitud de estudios científicos que proponen la hipótesis de que la materia literalmente se va transformando a medida que ponemos foco y atención en un punto. Es decir, es posible que influyamos en lo que vemos transformando las millones de posibilidades que hipotéticamente existen por una que se hace real.

Apasionante.

En este sentido, sigo hilando con la ilustración de que la elección a la pregunta que te lanzaba en el segundo párrafo de este capítulo eres tú. Sigues siendo tú. De esta manera, la materia se va conformando en pos de un estado más sano para todas las partes implicadas y, por eso, cuando se conoce la Salud, la Calma, la Certeza y se vive a través de ellas, el resto de personas lo sienten y también adquieren este ejemplo.

Maravilloso.

Capítulo 3

*Pon tu foco en un destello
y explotará.*

La globalización te hace pensar que puedes estar igualmente conectado a ti mismo que a los demás. Yo te digo que eso es, literalmente, imposible. Donde tu foco, donde pones tu energía, aquello se transforma. Y aquí viene la magia: solo puedes poner el foco en una cosa.

En este tercer capítulo te voy a contar algo de mí. En los cursos que doy, el primer día siempre aviso: soy muy caótico a la hora de dar clase. Si no lo has notado hasta ahora, lo vas a ir notando porque continuaré siendo así. Te lo comento porque este tercer capítulo nos va a servir para unir el primero y el segundo, tal y como hacían en la época pitagórica, y con la carga energética y tradicional que ello contiene.

El número tres representa la unión de lo masculino (1) y lo femenino (2). De la duda (2) y la certeza (1) para dar la comunicación, la creatividad, la creación (3). Curiosamente, son inseparables. Aquí te desvelo uno de los grandes secretos que contiene este libro: la duda no se elimina nunca. Si eliminas la duda, eliminas el número 2. Y de un sistema numérico no puedes eliminar ningún número, ¿verdad? El dos no iba a ser menos. No le vas a eliminar.

Tranquilo. Tranquila. Si tiene que estar ahí, es por un motivo. Lo irás descubriendo.

El caso es que en este tercer capítulo vamos a unir la globalización, la elección de ti mismo y la comunicación. Vamos a ver números y significado de los mismos según la cultura pitagórica y la cultura judía. Más adelante veremos que, como cualquier otra cosa, estos significados son intentos del ser humano de entender lo que no se puede entender. Dicho de otro modo, son intentos de acercarse a lo divino.

En años posteriores en los que ni tú ni yo estaremos aquí de cuerpo presente, el ser humano verá que lo divino es él mismo y, no solo lo verá (muchos seres humanos lo han visto a lo largo de la historia) sino que vivirá en ese estado de divinidad permanentemente. Sería maravilloso llegar ahí. El tiempo lo dirá.

De momento, me conformaré con escribir para contarte esa unión de la que te hablaba.

En el primer capítulo te comentaba el tema de la globalización, de ese deseo de conquista tan arraigado en épocas antiguas al ser humano y que nos hace estar tan desnaturalizados del entorno. En el segundo, también te hablaba de ello al comentarte aquella conversación con unos amigos en las que destacaban que estaba fenomenal que personas que eran de países del sudeste asiático vivieran del turismo. También te comentaba que lo que yo siento es que el turismo es un derrotero por el que ha ido sus vidas, pero que no les ha salvado la misma. En muchos terrenos, les ha complicado la vida.

Al ser humano la existencia le es dada. Es decir, yo no tuve que hacer ningún esfuerzo para nacer. Algunos médiums y diferentes personas describen que nosotros "firmamos" un pacto para regresar en forma corpórea a la Tierra y vivir ciertas experiencias. Nuestra alma está preparada y decide bajar, también para que nuestros padres tengan sus propias experiencias. Bien, una vez que esa decisión está "firmada", la única opción es que se dé. No hay esfuerzo por ninguna de las partes: es una certeza que se va a cumplir. Y, una vez en estoy en el mundo, vengo desnudo en todos los sentidos. Así debe ser, porque así es lo natural. Esa naturaleza se va olvidando y la vamos dando de lado a medida que crecemos por diferentes razones en las cuales no procede adentrarse aquí y ahora.

Las personas que tienen la suerte - *ni buena ni mala, simplemente, la suerte* - de nacer ya en entornos muy naturales, tienen algo ganado con respecto a las personas que nacen en entornos muy urbanizados: el contacto y la sabiduría de la naturaleza. En la vida, la gran mayoría de las cosas requiere práctica. Me gusta verlo desde el punto de vista de las filosofías orientales y la práctica no la veo como un medio para llegar a la excelencia sino la excelencia en sí misma. La práctica ya es el fin en sí mismo. Es decir, para una persona que ya ha nacido en un entorno natural, su práctica cotidiana es estar rodeada de naturaleza. Pero, con la suficiente práctica, podría adaptarse a un entorno menos natural. Lo mismo sucede al contrario.

Gracias a la globalización, llega un nuevo problema: nos alejamos de la naturaleza. Se ha trivializado y denostado lo natural en pos de lo artificial. Es más atrayente a nuestros ojos ser guapos, altos, fuertes, tener un coche (y si es más caro, mejor), tener una casa (bien situada, con vistas, grande, etc.) y que las amistades también sea de mi mismo nivel de estatus y belleza porque claro, a ver si las chorradas estas de que somos el promedio de las cinco personas más cercanas a ti va a ser verdad y Dios me libre de juntarme con una persona que no entra en los estándares de belleza de mi cultura, no tiene coche sino que va en bicicleta, anda descalzo casi todo el día y no está fuerte y musculado. Por Dios, menudo pecado.

Gracias a la globalización y a ese alejamiento de la naturaleza, creemos que la superficialidad manda. No solo eso, sino que es buena. Esto, a nivel de salud, se convierte en un desastre total y absoluto. Hace que siempre estés buscando (fuera de ti) cuando ya lo tienes todo. ¿Cómo está una persona que siempre está buscando la llave para abrir una puerta y poder acceder a otra sala que va a ser buena para ella? Pasa por muchos y diferentes estados emocionales: rabia por no encontrarla; impaciencia por querer encontrarla cuanto antes; ansiedad por saber qué habrá detrás de la puerta y saber qué es eso que le vendrá bien; miedo a no encontrar la llave y perderse lo que le han dicho que va a ser bueno para ella; frustración consigo misma por no encontrar aquello que…; resignación y culpa por no haberlo encontrado; arrepentimiento tras la culpa para después, volver a la culpa de nuevo…y muchas más.

Lo peor de todo es que la gran mayoría de nosotros hemos pasado por alguna de esas emociones o fases a lo largo de nuestra vida y las hemos normalizado. Es raro que una persona sea feliz durante más de un día seguido. Una felicidad verdadera, de las que la persona irradia paz y tú, si hablas con ella, te sientes cálido o cálida, abrazado o abrazada. Conoces pocas personas en ese estado constante, ¿verdad? Lo sé, yo tampoco.

Gracias a la globalización y a ese alejamiento de la naturaleza entra un factor en juego: la comparación. Antiguamente, muy antiguamente, podías "compararte" con lo que hacía el vecino de tu tribu. Nada más. Si eras un poco más avanzado o avispado, entendías que la comparación es completamente absurda y que cada uno hace su función de vida. Si queremos añadir un extra a esa frase, podríamos decir que cada uno hace su función de vida para ayudar a los demás. El caso es que no existiría comparación si fuéramos un poco avispados. Cosa de la que se aprovecha la globalización.

En este libro me permito decir verdades, no opiniones. Así que si te daña lo más mínimo el ego decirte que en algún punto de tu vida no has sido avispado/a, allá tú. No te creas que porque te lo esté diciendo en este libro yo he sido más avispado que tú porque, primero, caerías en la absurdez de la comparación una vez más y, segundo y más importante, la de veces que no he sido avispado no llevo ni la cuenta. Así que si te daña el ego, habla con él, no viertas pensamientos ni palabras malsonantes contra mí.

Sigamos.

Gracias a la globalización y a ese alejamiento de la naturaleza nos creemos mejores que lo que tenemos alrededor y, no solo eso, sino que intentamos mejorar lo presente. Me hace bastante gracia eso de la mejora, la verdad. Opto, en muchas más ocasiones, por la opción de que la mejora es un proceso normal y natural que se va dando con el paso del tiempo gracias a los impulsos que cada uno siente en su interior. Y, cada vez más, me alejo de la opción de aquellos pensamientos incesantes de "buscar la mejora continua", y para ello, hoy tengo que hacer 3 series de ejercicios más que ayer, aumentar el peso que levanté entrenando, escribir 5 páginas del libro en vez de 3 y media, y de postre, correr 10 kilómetros en vez de los 5 que estoy acostumbrado para así, mejorar. El estrés que genera eso de mejorar continuamente es diametralmente proporcional a la cantidad de mejora que consigues en un día. Por lo que, ¿merece la pena?

Siento que la mejora se consigue sin esfuerzo. Sí, literalmente, sin esfuerzo. Porque he visto en muchísimas ocasiones a lo largo de mi vida y en la vida de los diferentes pacientes que he podido tratar a lo largo de más de 17 años de práctica, que la mejora se va a dar sí o sí, a pesar de tus esfuerzos. Observa que digo *a pesar de* y no *con* tus esfuerzos. Ese matiz es importante para rebajar la tensión.

Gracias a la globalización y a ese alejamiento de la naturaleza que nos hace compararnos y nos hace creer que lo nuestro es mejor y por eso los demás son inferiores y mis creencias y valores los tengo que imponer, no vemos la realidad tal y como es. La realidad, tal y como es, te la muestro aquí mismo y solo la tienes que experimentar para integrarla: cada uno es como es y está bien que así sea.

Como persona con una sensibilidad fuera de lo común y como médium, en muchísimas ocasiones veo el alma de la persona y lo que ha venido a hacer a este mundo. Siento mucha frustración cuando el alma de una persona pide a gritos, por ejemplo, dedicarse a la abogacía y se está dedicando a ser camarero en un bar. O bien, pide a gritos ser una persona muy tranquila y calmada y se comporta de manera opuesta. Bien, lo que he visto con el paso de los años es que yo veo la resolución, lo que esa persona Es, no lo que está siendo.

Si nos referimos a la Teoría de las Ideas que Platón expuso hace 2500 años, lo que estoy viendo es la Idea de la persona y la persona en sí está materializando y pasando por todo el proceso de convertirse en quien debe convertirse.

Mi pretensión como médium o como terapeuta NUNCA puede ser querer *mejorar* a esa persona porque esa persona llegará a ser lo que debe ser. Quien quiere *mejorar*, que no es mejorar sino influir o influenciar en ella, sería mi ego. Como te he dicho en este mismo capítulo, aquí cuento verdades y certezas así que te diré algo: cuando quieras mejorar una situación o a una persona, dile a tu ego que se tranquilice. Cuando esté tranquilo, hablarás o actuarás desde el corazón y ahí sí se producirá un cambio productivo en el que tenderás, sin querer y sin intención, un puente para que esa persona o situación lo transite hacia la resolución del pequeño conflicto que esté viviendo.

Gracias a la globalización y a ese alejamiento de la naturaleza que nos hace compararnos y nos hace creer que lo nuestro es mejor, hace que olvidemos nuestra propia naturaleza. Al olvidar nuestra propia naturaleza no nos podemos elegir a nosotros mismos. Estamos, casi siempre, con la mirada hacia afuera.

Para ilustrar este punto que considero importante, pondré un ejemplo. Sitúate con los ojos abiertos. Observa lo que tienes delante (este libro). Dime si puedes ver lo que tienes, como dicen en espionaje, a tus seis. Es decir, ¿qué tienes a tu espalda: el respaldo de una silla o un sofá, un armario, el sol, la luna, un cristal...? No, no puedes verlo, salvo si miras hacia allí. Entonces, si yo te digo que me digas con total claridad qué tienes detrás de ti, no vas a poder salvo que mires hacia allí. Quizá me repliques y me digas que sí, que te sabes de memoria lo que tienes detrás porque estás en tu casa, pero ¿y si justo leyendo estas líneas se ha colado un mosquito? Estarías faltando a la verdad si me describes la casa con exactitud y no me nombras al mosquito.

Esto es lo que nos sucede hoy en día y NO solo por la globalización. No miramos dentro de nosotros mismos y somos capaces de verter juicios de otros hacia nosotros cuando nos preguntan por cómo estamos o cómo somos. Podemos decir, en función de quién nos haya dicho esto, que somos simpáticos y agradables o ariscos y apáticos. No nos damos cuenta de que somos un "siendo" y no un "soy", no nos damos cuenta de que vamos haciéndonos según en qué momento presente estemos.

Cuando hablo en este capítulo de la globalización no solo me estoy refiriendo a la llegada de internet y el resto de las telecomunicaciones, ni a la llegada de los medios de transporte tan sumamente avanzados, tecnológicamente hablando, de los que disfrutamos hoy en día. Tampoco a las ansias de conquista y de llegar a más y más territorios. Me estoy refiriendo a las memorias celulares que se nos han quedado impregnadas por el simple hecho de ser un ser humano. O mejor dicho, de ser un siendo humano. Pero no me voy a poner tiquismiquis ahora.

Estas memorias celulares de las que hablo son de las que se habla en genética. Se dice que de cuatro a siete generaciones heredamos no solo su ADN físico, sino también su ADN emocional. Es decir, que si un tatarabuelo tuyo se pasó con la bebida en muchas fases de su vida, es posible que quede algún resquicio de ello en tu ADN físico y/o emocional y ante una situación de mucho estrés busques una evasión en algún tipo de drogas, para llenar el vacío que ese tatarabuelo tuvo, no un vacío que crees que tienes tú.

Curioso, ¿verdad? Quizá creas que esto es falso. En realidad, no lo es. Pero oye, allá tú con lo que decides creer o no creer. Personalmente, te puedo asegurar que esto funciona así, lo he visto en demasiadas ocasiones en consulta y en mi propia vida.

Volviendo al tema que nos ocupa en este capítulo, la globalización no puede alejarte de tu mejor elección: tú mismo.

Para llegar a ello, un buen método, útil y práctico, es la comunicación. Pero no cualquier comunicación, ni toda comunicación. No hay dos seres humanos iguales en este planeta (ni siquiera los gemelos son idénticos) por lo que, ya te lo he dicho al comienzo del libro, no te voy a decir qué tipo de comunicación o qué debes hacer.

El tres, desde tiempos antiguos, es el número de comunión entre el uno y el dos. Ya hemos visto que el uno es lo masculino (el hacer) y el dos es lo femenino (el ser). Y, de ahí, surge la comunión, la fusión, la creación, la comunicación, la creatividad. También hemos dicho que el uno es la iniciativa, la certeza y la dirección y el dos representa la duda. Como vemos esto, y atendiendo a de dónde vienen las cosas o dónde se originan, en la comunicación no puedes ser tajante ni aunque en tu propia naturaleza hayas tenido esa tendencia.

¿A qué me refiero?

En la comunicación contigo mismo y con los demás debes aceptar la comunión entre el uno y el dos. Cuando eso sucede, del tres, de la creación, pasamos al cuatro que representa la estabilidad, las cuatro patas de una mesa. Por eso el punto de la comunicación es tan importante.

Sé que parece que me he desviado del tema del capítulo, pero tiene su conexión. Sígueme.

Cuando te elijas sucederá la magia. De repente ya no miras hacia afuera, hacia lo que otros dicen, hacia el libro. Miras hacia dentro y observas qué te cuenta tu cuerpo (si es que te contara algo). Observas un pensamiento que viene, otro que va. Observas otro que viene y es nuevo y le das forma. Después te das el margen de preguntarte qué te apetece. Después de varios pensamientos, te das el margen y el permiso de preguntarte "¿estoy solo o me acompañan "personas" que yo no soy capaz de ver con mis ojos?" Y cuando haces esa pregunta, comienzas a sentir, a ver o incluso, a escuchar. Sigues con ello. Te dejas fluir con ello.

Todo esto no es una guía, sino una propuesta. Algo natural. Es una comunicación contigo mismo/a que te va a llevar a otro lugar. Un día después de hacerte esas preguntas, de tener esa comunicación contigo, querrás repetir porque no sabes por qué, pero algo te fue revelado: una sensación de tranquilidad o de paz, una respuesta a una pregunta que hiciste y no te esperabas, una imagen que no tenías en mente y de repente apareció...

Pero siempre se mantiene esa sensación de fluidez y de tranquilidad. Dicha sensación es la conexión con uno mismo y con la naturaleza. Así de bonita es. Así de especial es. Lo mejor de todo es que puedes volver a ella las veces que quieras o que hagan falta. No hay límite. Cuanto más estés ahí, mejor. Mejor por lo siguiente...

Capítulo 4

¿Desde dónde haces lo que haces?

¿Es una pregunta trampa? No, ¿por qué iba a serlo? Es una pregunta de lo más normal, y que no se formula las veces que hay que formularla. ¿Desde dónde haces lo que haces? Es decir, cuando, por ejemplo, vas al trabajo, ¿desde dónde lo haces? Desde una sensación de apatía, de rabia, de necesidad, de miedo, de bienestar, de amor, de fluidez, o ¿qué es lo que te mueve?

Hemos visto, muy brevemente, la explicación del número cuatro cuando he hecho referencia a la estabilidad. Vamos a buscarla para acercarnos a la certeza y alejarnos de la duda.

Esta pregunta la escuché por primera vez en un curso. Bueno, quizá la palabra para definir aquel curso sea encuentro, porque en un curso te enseñan una técnica, ¿no? En este curso no te enseñaban nada sino que te quitaban aquello que estorba. Bueno, lo quitabas tú, más bien. Ellos te mostraban el camino.

Creo que es la peor definición y, a la vez la mejor, que he dado de este encuentro. Este encuentro recibía el nombre de Presencia en Quietud y, como suele pasar, su nombre se ha ido tergiversando y cada ego lo ha ido llamando a su manera. Yo soy un purista y me gusta respetar la esencia de las cosas. Para mí, siempre será Presencia en Quietud y si en algún momento de mi vida decido crear un espacio en el que hagamos Presencia en

Quietud, llamaré a Kiril (porque Mike falleció) a consultarle si le parece bien venir a Santander (donde resido actualmente) y, en su defecto, si le parece bien que organice un encuentro.

No soy de dejar que mi ego necesite protagonismo. Lo siento ego.

Como te digo, la primera vez que lo escuché fue en ese encuentro de la mano de Kiril, un hombre muy sabio y humilde. De los que realmente deberían de ser ejemplo para los demás. En ese encuentro, encontré (por eso he utilizado la palabra encuentro) desde dónde hacer las cosas. Hay un lugar secreto (el secreto peor guardado de la historia) desde el que hacer lo que hago/haces. Lo bonito de estos encuentros es que lo ves con total nitidez. Primero quitas lo que debes, las capas superficiales, y después aparece lo verdadero, lo único que, en realidad, existe. A veces, ese quitar capas te puede generar algún tipo de conflicto, rechazo o miedo. Estás en un lugar muy seguro y tranquilo que te permite atravesar dichas capas y así sentir que está todo bien, está todo en su lugar, es todo como debe ser para que se dé la transformación.

Te sientes acompañado y esa es una parte importante y fundamental.

Ahora bien, ¿a santo de qué te estoy contando todo esto de la Presencia en Quietud y te pregunto desde dónde haces lo que haces si parece no tener relación con los anteriores capítulos? Todo está unido, como el mundo en el que vivimos y como lo estamos los unos a los otros. Este libro no iba a ser menos.

Te cuento todo esto porque saber el lugar desde el que hacemos lo que hacemos se convierte en una necesidad básica cuando notamos que nuestra vida no va todo lo bien que debería ir. Notamos que no va bien cuando no nos encontramos tranquilos, en paz, en fluidez. Cuando sentimos que abusamos del alcohol, del tabaco, del sexo o de cualquier otra evasión. Cuando estamos de mal humor o a regañadientes con todo o prácticamente todo. Cuando damos malas contestaciones. Cuando nos volvemos apáticos. Cuando dejamos de hacer los planes que antes nos entusiasmaban…

El lugar desde el que hacemos lo que hacemos determina, también, el resultado de aquello que hacemos. Ahora, al referirme a resultado, me estoy refiriendo al resultado interno, al que cuenta, al que es realmente válido. No estoy hablando de "si lo das todo, seguro que sale bien", fijándose así, en un resultado externo. No. No es eso. Me estoy refiriendo a que dependiendo de cuál de los dos mundos rija tus acciones, así será tu resultado. Y, el resultado, estará determinado por el termómetro interno que tenemos todos.

Dos mundos…dos mundos… ¿a qué te refieres, David?

Por un lado tenemos el mundo de la historia personal que denominan en diferentes culturas mexicanas. También, Kiril en sus encuentros lo denomina así. Esta historia personal hace referencia a la reacción y no a la acción. Son cosas totalmente diferentes. Esta historia personal se refiere también a actuar desde la mente, desde el raciocinio, desde esos conocimientos teóricos que nos dan las creencias, lo que nos han enseñado y/o inculcado, lo que hemos aprendido de los demás pensando que era "lo válido y así se hacían las cosas" y desde esa historia personal que nos precede en este mundo físico: esas cuatro o siete generaciones que, parece ser, aún nos influencian.

La historia personal hace que entremos en bucle. En realidad, en varios bucles. Uno de ellos es el bucle de los *por qué*. ¿Por qué se hace esto así? ¿Por qué no salgo de esta situación que me tiene atrapado? ¿Por qué no avanzo? ¿Por qué me siento bloqueado y/o estancado? ¿Por qué siento tristeza? ¿Por qué estoy cansado? ¿Por qué he discutido por esa tontería? ¿Por qué me saturo o me siento saturado/a?

Todos esos *por qué* no hacen que avancemos sino todo lo contrario: nos mete de lleno en el agujero, en el pozo.

Por otro lado tenemos el mundo que algunos llaman del corazón. Otros lo llaman el mundo de la intuición. Yo soy partidario de alejarme de las etiquetas, entonces no voy a ponerle un nombre molón y pegadizo que haga que tú te conviertas en un fan mío y digas cosas del estilo "como dice David", porque David no quiere crear escuela ni leches así. David, si quiere algo, quiere realizar su propósito en esta vida: ayudar. Ponerle un nombre inventado a este otro mundo no depende de mí y estoy seguro que con las dos primeras referencias, has entendido a qué mundo me refería.

Este otro mundo es ese que sin saber lo que sabes, lo sabes. Mejor me explico un poco más y mejor, ¿no?

No me gustan las definiciones y, en cambio, si tuviera que escoger una definición de la palabra intuición sería saber algo sin saber por qué lo sabes. El mundo del corazón se basa en esto. Ahora bien, ¿cómo es posible que sepamos sin saber que lo sabemos?

Aquí te tengo que hablar con franqueza aún a riesgo de ponerme esotérico y que no confíes en mí. Confiarás porque llevo hablándote de verdades durante los anteriores capítulos y ahora no voy a hacer la excepción de cambiar de tercio y colarte alguna mentira. Sigo hablándote desde la Verdad pero abre un poco la mente (si la tuvieras cerrada) y lee sin juzgar mis palabras. Si quieres hacer algo con ellas, simplemente obsérvalas y siéntelas.

Veamos. Repito la pregunta: ¿cómo es posible que sepamos sin saber que lo sabemos? Aquí debes conocer algunos términos de los que hablan culturas milenarias. Culturas muy, pero que muy antiguas. Estas culturas son las que nos hablan del alma. Estas culturas, si me estás leyendo desde España, también existía la misma corriente de pensamiento hasta la década de 1900, aproximadamente. Es decir, hace tan solo 120 años que se ha dejado de hablar de este tema o se ha demonizado. Esto no quiere decir que debamos dejar de hablar de ello. Y hoy, adquiere mucha importancia.

Existe un alma. Este alma, igual que una persona es válida para desempeñar un trabajo (fisioterapeuta) y también es válida para ir a la compra, para conducir, para jugar al fútbol, para acompañar a sus hijos al colegio o para bailar, con el alma ocurre lo mismo. Tenemos "partes" del alma que son más físicas y partes que son más etéreas. Del alma no vemos más que las manifestaciones diarias. Lo que hay que saber es que esas "partes" del alma más etéreas están en contacto directo con Dios, la Fuente, la Energía, la Esencia, el Amor, la Inteligencia, la Conciencia o como lo quieras llamar. Con Aquello que rige todo.

Al estar en contacto directo lo que sucede es que nuestras partes de alma etérea saben al instante lo que necesitamos saber y cuando pasa el tiempo suficiente para que esa información "baje" hasta las partes más físicas, el cuerpo también lo sabe y, después, la mente también. Y, cuando llega a la mente, decimos que "lo sabemos".

En realidad lo sabíamos desde hacía bastante tiempo. Lo que hemos hecho es reconocer o recordar aquello que estaba escrito en un lugar que, normalmente, no vemos con los ojos (algunos lo llaman Registros). Al recordarlo, le ponemos el nombre de "saber" y, como ya somos más espabilados, hubo alguna persona más hábil que otra que en vez de llamarlo "saber" lo llamó intuición.

Atendiendo a la etimología de la palabra intuición, proviene del latín, del verbo "intueri", el cual significa *mirar* o *contemplar*. Curiosamente esta etimología casa muy bien con lo que te acabo de contar. Gracias a la intuición lo que hacemos es mirar en un sitio donde no podemos ver para así extraer el conocimiento.

Estas acciones las realizamos sin nuestro propio consentimiento. Es decir, no son acciones del todo voluntarias como lo puede ser levantar un brazo para coger el tarro de sal en la cocina. Estas acciones dependen de la Conciencia, del Ser. Se realizan y nos beneficiamos de ellas.

De un modo u otro, al acceder a esta información para conocerla y, así, saberla, lo que hacemos es leer aquello que está escrito. Por eso, contestando de otro modo a la pregunta *¿cómo es posible que sepamos sin saber que lo sabemos?* contestaríamos del siguiente modo: sabemos lo que sabemos, o hacemos lo que hacemos, porque está escrito. Digamos que, en realidad, estamos leyendo el mapa que nosotros mismos hicimos antes de bajar a este mundo.

Siendo más específicos, digamos que el cuerpo (la materia) que somos está leyendo el mapa que el alma describió antes de hacerse carne.

Los árabes tienen una palabra para esto: maktub. Esta palabra significa *"está escrito"*. A esto me refiero en estos momentos al referirme al mundo del corazón y al contarte todo lo que te acabo de contar. Cuando hacemos las cosas desde ese mundo, desde ese punto, estamos realizando lo que está escrito o aquello que no puede ser de otra manera. Mágicamente todo se alinea cuando es esto lo que mueve nuestra acción.

Puedes ir a regañadientes a hacer lo que debes hacer. Por ejemplo, puedes ir de mala cara a entrenar porque no te apetece. Quizá, esa no apetencia sea que realmente hoy no está escrito que debas ir a entrenar, o que el plan de entrenamiento que estás siguiendo justo ahora (o el que toca) es el erróneo. En cambio, se ha instaurado una bazofia de cultura de esfuerzo en esta sociedad que prima el hecho de hacer lo que no está escrito. La cultura del esfuerzo de hoy en día te premia si vas y haces lo que no te apetece hacer o si vas y haces lo que sabes que no debes hacer porque todo tu cuerpo se pone de uñas solo con el hecho de pensar en hacerlo.

Aquí cabe hacer una distinción. Habrá ocasiones en las que tu cuerpo reaccione tensando la musculatura y te dé la sensación de malestar ante la propuesta que le acabas de hacer de realizar un evento u otro, pero no te estará dando un aviso de que se esté cometiendo un error sino de que esa acción debe realizarse y, si la realizas, te va a cambiar y vas a dar un salto cualitativo en tu vida.

Pongamos un ejemplo más. Siguiendo la pauta de la anterior proposición: hablemos del entrenamiento. Pongamos que tu cuerpo se tensa al pensar y ponerte en situación de ir a entrenar. En cambio, la manera en la que te encuentras en un malestar físico porque tu fisiología te está avisando de que si te quedas en casa y no sales a entrenar, te vas a sentir peor. Ese estado es un recordatorio de lo que debes hacer, no de lo que no debes hacer ni de que lo que vayas a hacer esté mal hecho y haya que cambiar parámetros.

Puede sonar un poco lioso, pero intentaré esclarecerlo haciendo un resumen.

En estos momentos nos encontramos en el capítulo cuatro para buscar la estabilidad. Para ello, hemos abierto el capítulo lanzando una pregunta temeraria: ¿desde dónde haces lo que haces?

Hemos visto que existen dos mundos: el del corazón y el de la historia personal. Cuando actuamos desde el corazón lo que está primando es la acción. Cuando actuamos desde la historia personal lo que prima es la reacción.

Mientras que la historia personal se encarga de mantener todos nuestros recuerdos, creencias, justificaciones, pensamientos, opiniones y razonamientos, nuestro corazón se encarga de que, mediante lo que denominamos en este libro *intuición* seamos capaces de Ver, Sentir, Escuchar, Accionar, Tocar, Recordar, Leer lo que ya está escrito para seguir avanzando, etc.

Personalmente, si has leído la introducción o el final del libro o me conoces, sabes que mi primera formación fue la fisioterapia. Después, fui dedicándome a más terapias. Como resumen, se puede decir que soy terapeuta. Bien, algo que me diferencia es que opto por el mundo del corazón con cada persona que Veo en consulta. Observa que remarco el verbo ver y lo pongo con mayúscula para dar énfasis a que no veo a la persona sino que la Veo en todas sus esferas. Esto me resulta y me parece primordial.

Por lo tanto, ¿cuál es el lugar secreto del que antes te hablaba?

El lugar secreto es tu corazón, tu esencia. Tú eres la terapia (en mi caso porque me dedico a la echar una mano a las personas) o tú eres lo que sea que hagas. **Todo tu alrededor es una extensión de ti**. No hay más, no lo busques. Perderás el tiempo buscando ahí fuera cuando lo tienes todo dentro. Ten la certeza de que así es.

Este párrafo, sobre todo la parte que he destacado en negrita, apareció en una sesión con una persona que acudió a consulta. Aún la recuerdo. Cuando esto sucede, cuando recuerdo una sesión, es porque ha sido útil para la persona y para mí. Sino, normalmente, no recuerdo nada de las sesiones.

Apareció como aparecen las cosas de Verdad, las del corazón, las que provienen directamente de Dios, de la Esencia, de la Fuente: de repente. De golpe y porrazo aparecieron las palabras *"tu trabajo es una extensión de ti"* para mostrarnos la importancia de que lo que tú haces es lo que tú eres. Esto son tan solo palabras vacías. Pero, al verlas aquí, espero que puedas llegar a integrarlas o que lleguen en el momento preciso a ti para que surja la magia de que las palabras calen en lo más profundo de ti, al igual que lo hicieron en esta persona y en mí.

Cuando esa magia sucede, ya nada vuelve a ser igual. A partir de ese día tuve la suerte de saber que igual que hago una cosa, las hago todas. Porque en cada acción soy yo.

Recientemente tuve que pasar por quirófano para una operación de rodilla. La operación fue un éxito aunque se hicieron más cosas de las que estaban previstas. Durante el período de convalecencia pasé por momentos complicados a nivel emocional y, sobre todo, mental. Sobre todo, por las dudas que mi cabeza generaba acerca de cómo iba a quedar la pierna después de estar tantas semanas sin apoyar. Entre tanto, escribí a una amiga de hace muchos años. Es ese tipo de amiga que te conoce (la amistad de hace años es lo que tiene). Y ella me dijo lo siguiente *"si me dices de otra persona vale, pero tú no vas a parar hasta que esté todo en su sitio"*, haciendo referencia a mi manera de ser: insistente hasta la saciedad y, la saciedad, es que todo esté bien, perfecto, en su sitio.

Cuando hablo de perfección refiriéndome a mí no me tildo de perfeccionista. Hablo de perfección desde un punto de vista de la cultura japonesa. En aquella cultura, se persigue la perfección sabiendo perfectamente que nunca se conseguirá, aunque siempre se tiene que ir en pos de ella.

Su comentario me sirvió para volver a mi esencia y recordar que, tanto en la rehabilitación, como en el trabajo, como con mi pareja o escribiendo este libro, voy a insistir en busca de que todo esté bien, claro cristalino y sea de ayuda y utilidad para los otros.

Esa es mi esencia. ¿Cuál es la tuya?

Capítulo 5

Si mi esencia es dar,
¿por qué voy a estar enfadado dando?

Esta contradicción se da en muchos, muchísimos casos. Me he encontrado a muchas personas que realmente son sanadoras de naturaleza y se quejan por ayudar a los demás, por servirles de apoyo, por servirles. Su historia personal - *recuerda, aquella en la que la mente está hablando constantemente, aquella en la que las creencias y el entorno ganan* - vence la ficticia batalla que ejerce contra el mundo del corazón y la acción y se lleva el gato al agua, dando como resultado una rabia superficial que poco a poco va calando en ellas y se va creyendo cosas que no son Reales.

Estas nuevas creencias en algo que no es intentan tambalear los cimientos de Lo Que Es. Al no conseguir ni siquiera mover un ápice de Lo Que Es, intenta con más fuerza generar algún tipo de presión. Nunca lo va a conseguir, pero tanta fricción da como resultado síntomas físicos, mentales o emocionales y, sobre todo, una profunda desesperación en la persona que sabe que es sanadora y, en cambio, gracias a lo que acabo de exponer, se cree su historia personal (las creencias y los comentarios que recibe del exterior) para acabar desquiciada.

El entorno puede desestabilizar. Socialmente se tienen unos valores dudosamente éticos. Los filósofos de hoy en día no son capaces de establecer códigos éticos válidos para todos los seres humanos. Esto genera debate. Un debate en el que no vamos a entrar en este libro porque no quiero tocar temas filosóficos de manera filosófica, sino temas filosóficos de manera útil, sencilla y práctica.

Cuando digo que el entorno puede desestabilizar, me refiero a que te puede conducir a la perdición. Si tú eres una persona sanadora y tu entorno te dice que te tienes que valorar más o que no puedes estar tan disponible para los demás, terminarás creyéndoles. Empezarás a exigir en tu centro de salud, hospital o clínica, un aumento de sueldo y, si no te lo dan o no te lo conceden, comenzarás a utilizar la propuesta emocional de la rabia: malas contestaciones a jefes/as, compañeros/as y pacientes. Esta situación se mantendrá en el tiempo - *todos lo conocemos y sabemos que sucede así* - por lo que, a la larga, te sentirás menos valorado/a y tu autoestima decrecerá. Entonces, te afectará a las relaciones sociales (amistad, pareja) y familiares.

Me vas siguiendo, ¿verdad?

Claro que me vas siguiendo, porque seguramente te haya ocurrido ya. Porque el ejemplo que pongo es de una persona sanadora, pero perfectamente podemos poner el ejemplo de una persona líder, de una persona artesana o de una persona conductora o guía.

Siento que no hay nada como estar alineado en todo tu ser con tu Esencia Real y Verdadera. Es decir, por mucho que haya ruido externo - *al ser externo, está fuera de ti* - lo realmente importante es el sonido que se produce dentro de ti y sale al exterior. Cuando escuchas más lo de fuera que lo de dentro no puedes dar lo que tienes. Solo puedes reaccionar (historia personal) ante lo que te viene.

La idea que te propongo - *igual que los pensamientos o las emociones son propuestas, aquí te lanzo yo una -* es darles la vuelta a las costumbres. Normalmente escuchamos lo de fuera. Es más, seguramente hayas escuchado esa frase de *"tenemos dos orejas y una boca, por algo será"*, haciendo referencia a la importancia de escuchar antes de hablar para aprender. Ahora te digo yo que tienes un corazón mucho más grande que las dos orejas juntas y que, casualmente, está alineado con la boca para emitir los sonidos que salen de dicho corazón.

¿Qué opinas ahora?

Esas dos orejas, tápalas.

Haz este ejercicio, si te resuena. Tápalas y escucha lo que hay dentro de ti. Solo lo que hay dentro. No lo juzgues. Habrá ocasiones que escuches un latido. Otras que estés escuchando pensamientos variados (de todo tipo) y otras en las que te escuches a ti mismo/a decir "¿qué haces? No se escucha absolutamente nada". Todo es válido. No lo juzgues. Solo escucha. Permanece ahí hasta que sientas tranquilidad; hasta que sientas paz. A partir de ahí, a ver qué sucede.

Después de este ejercicio verás las cosas de manera diferente. Garantizado.

En la Tradicional Medicina China existe una relación que me gusta y me llama mucho la atención. Esa relación, la voy a extender uniendo lo que acabamos de ver en el desarrollo de este capítulo.

En la Medicina China hablan de un eje central en el que están implicados el Corazón, el Intestino Delgado y la Vejiga. Me voy a permitir la licencia de que ese eje comience en la boca y no en el corazón aunque, más bien, no comienza en la boca sino que nos va a servir para darle uso al resto de órganos. El eje que plantea la Medicina China nos habla de la influencia de la esfera del Fuego (Corazón e Intestino Delgado) en las decisiones y rumbo que tomamos en nuestra vida.

Recuerda el título de este libro *"¿Cómo actuarías si supieras que todo va a salir bien?"* para que esto que te voy a contar cobre aún más sentido. El Corazón en Medicina China es el gran emperador, es quien gobierna y controla todo lo que tiene que ver con las emociones. Pero antes de adentrarnos más en materia es conveniente hacer alguna especificación.

La filosofía de la medicina china tiene mucha influencia del taoísmo. Uno de sus símbolos, el cuál seguramente habrás visto en infinidad de ocasiones (el yin-yang) proviene de un símbolo de la filosofía taoísta denominado Enso. Este círculo sin acabar, seguramente, también lo hayas visto en muchas ocasiones. El concepto del yin-yang es importante conocerlo si queremos acercarnos a esta filosofía o, al menos, entender lo que te voy a contar del Corazón, Intestino Delgado y Vejiga y su relación con las decisiones, el rumbo de nuestra vida y, añado un término más, con el discernimiento para saber elegir la mejor de las opciones.

El yin-yang hace referencia a esa unión indivisible entre los opuestos. Un día se compone de luz y oscuridad pero nunca completos, ya que puede haber nubes (en la luz) y siempre está la luna (en la oscuridad) para aportar luz. Nos habla de la relatividad y de la unión. Pueden parecer opuestos y, en realidad, son lo mismo. La diferencia entre ellos es que hay un momento para cada uno y ese momento, incluso, puede ser compartido. Por más mínimo que sea, hay ocasiones en las que hay yin dentro de yang y viceversa.

Poniendo ejemplos prácticos para así entender la teoría de la medicina y filosofía china, lo yin hace referencia a lo interno, a lo femenino, a lo que tiende a estar oscuro y/o escondido, a lo de abajo, a lo profundo; mientras, lo yang hace referencia a lo externo, a lo masculino, a lo que tiende a estar iluminado, a lo de arriba, a lo superficial. Los términos femenino y masculino en esta nomenclatura hacen referencia al ser y al hacer, respectivamente. No tiene nada que ver con los géneros, salvo que, generalizando, la mujer tiende a ser más yin (dulce) y el hombre más amargo, bruto y tosco (yang).

Así, si extrapolamos esto que acabamos de aprender al cuerpo humano, los hombros son yin (hacia abajo) con respecto a la cabeza y, en cambio, son yang con respecto a las caderas. Como ves, el yin y el yang nunca son algo único ni se le puede separar de su homónimo. No puedes decir que algo es yin o yang si no lo comparas con el otro.

Entendiendo, aunque sea con una explicación muy, pero que muy breve, el concepto del yin y del yang, podemos empezar a explicar la relación entre el Corazón, ID y Vejiga y su influencia en nuestras decisiones.

Los órganos, en medicina china, son como esferas o partes de un todo. Es decir, engloban muchos factores y no solo el órgano en sí. Y, además, todos esos factores están relacionados entre sí. Por lo tanto, todos son importantes.

En el caso que nos compete, el Corazón pertenece a la esfera del Fuego. Como en medicina china todo tiene su par (todo yin tiene su yang) y el Corazón es la parte yin del Fuego, nos falta el yang. En este caso, el yang del Corazón es el Intestino Delgado. Estos dos órganos, forman una pareja indivisible. Lo que suceda en uno repercutirá en el otro - *a veces con el tiempo* - inevitablemente.

Así, podemos ver que si el corazón es el gran emperador y todas las emociones pasan por él, si esas emociones son densas y nos preocupan, nuestro sistema digestivo se altera y dará "problemas" o síntomas: gases, malestar generalizado, náuseas, digestiones lentas o pesadas, etc. Si esta situación de preocupación constante se mantiene en el tiempo, los síntomas se hacen más fuertes y potentes y pueden aparecer intolerancias o alergias alimenticias, ansiedad (relacionada o no con la comida) y otros síntomas que nos preocupan (aún más) y, además, no achacamos a que la raíz esté en ese desajuste emocional inicial que comentábamos al inicio de este párrafo.

Volviendo a la explicación que nos ofrece la medicina china en este contexto tenemos que nombrar que esta relación no solo es emocional. También, a nivel fascial, el corazón y el sistema digestivo están relacionados entre sí. Y, no solo eso sino que la ciencia está comenzando a relacionar las neuronas cerebrales, con las neuronas del corazón y el sistema entérico perteneciente al sistema intestinal. Es decir, la ciencia está comenzando a hablar de términos que en la filosofía oriental conocían hace milenios. Esto no habla mal de la ciencia ya que la ciencia no tiene tantos años. Simplemente es que ambos mundos comienzan a unirse y a tejer puentes de acercamiento. No tienen por qué ir separados cuando uno es el yin (filosofía china, intuición, observación) y el otro es yang (hacer, pruebas, experimentos, acción).

Una vez más, retomo el tema que nos compete ahora mismo. He comentado que el Corazón e Intestino Delgado pertenecen a la esfera del Fuego. Bien, a cada órgano se le asigna una emoción a nivel general. En este caso, el corazón (o el Fuego en general) se le asocia con la emoción de la alegría. Hay que hacer la puntualización de que se refieren a la alegría desmesurada. Y, al Intestino Delgado, se le atribuye la emoción del discernimiento.

Discernimiento o discernir es una palabra que su etimología del latín nos permite esclarecer su significado: separar, reconocer, distinguir. Precisamente es eso lo que hacemos cuando tenemos que tomar una decisión o tenemos un trabajo entre manos: separar la paja, reconocer y distinguir lo bueno. Después, llegaría el momento de la acción o ejecución, pero eso le pertenece a otro órgano que luego hablaremos de él. Lo que hacemos, según la medicina y filosofía oriental, sería reconocer qué es lo bueno y qué es lo malo para nosotros. Si no fuéramos capaces de hacer esto, estaríamos sobrecargando al siguiente órgano, el cual se encarga de separar lo puro de lo impuro: la Vejiga.

Es decir, primero deberíamos de decidir qué es lo puro y lo impuro para que, después, la Vejiga, sea capaz de realizar su función sin ningún tipo de complicación y así pueda hacer la separación y que el organismo pueda quedarse con lo puro y eliminar lo impuro.

Si, el ID por la razón que sea no es capaz de discernir, esta función se traslada a la Vejiga. La Vejiga, con el tiempo, se va saturando y esto, irremediablemente, ocasiona manifestar síntomas: infecciones de orina, sensación de frío en las zonas íntimas, dolor lumbar bajo, poca libido, etc.

Una vez más nombro el tiempo. Es un factor importante a tener en cuenta. Cuando un síntoma surge quiere decir que se ha ido cocinando paso a paso. Evidentemente me estoy refiriendo a síntomas no traumáticos. Los traumáticos no necesitan tiempo para aparecer sino para desaparecer, ¿verdad? Cuando sufrimos un traumatismo, el impacto y sus consecuencias aparecen muy rápidamente. En cambio, la recuperación suele ser, al menos, más lenta que el brote doloroso.

Volviendo, por tercera vez, al tema, quiero que la relación entre la esfera emocional y la física quede claro y que no lleve a equívocos, los cuales, por desgracia, son muy comunes y me los encuentro constantemente tanto en consulta como en mi vida personal. Es muy típico decir "no sé de dónde me viene lo que estoy sufriendo" y, en cambio, cuando observamos un poco la cronología nos damos cuenta de que era tan sencillo como haber escogido la mejor opción para uno mismo y, a partir de entonces, el cuerpo comienza a hacer su función de manera correcta y, por lo tanto, corrige aquello que estaba funcionando de manera incorrecta. El cuerpo, de manera automática, se autorregula.

El cuerpo o el organismo es una máquina perfecta. Nos da señales de diferente índole para diferentes funciones. Nuestra única función es hacerle caso. Él sabe muchísimo más que nuestra mente consciente. Solo hay que seguir un orden cronológico para darnos cuenta. ¿Qué fue antes, el cuerpo o la mente? El cuerpo apareció antes y, además, goza de algo llamado memoria celular. El cuerpo es capaz de almacenar una cantidad de información que la mente no es capaz de digerir y por eso selecciona lo estrictamente necesario.

El Corazón nos indica qué es lo mejor para nosotros a través de la intuición, a través de una conexión divina y terrenal que no somos capaces de percibir por nuestros cinco sentidos salvo en ocasiones muy, muy especiales. Esa información que nos llega la somos capaces de definir gracias al discernimiento del que se encarga el Intestino Delgado.

Una vez más, siento necesario bajar esto a tierra. Imagina que estás en una situación de cambio laboral, por ejemplo. Dentro de ese cambio, te proponen dos opciones: un aumento y seguir en el lugar en el que estás, o bien cambiar de ciudad. Ante esa tesitura, algo se ha activado en ti y ya te ha dicho cuál es la mejor opción a elegir. Esto que se ha activado lo he llamado aquí intuición. Podemos llamarlo de otra manera, pero aquí lo vamos a señalar así. Después de esta intuición, de esta llamada o de esta sensación que se nota en el cuerpo, entra la mente. Cuando entra la mente, entran "las tripas". Aquí ya es el turno del ID para discernir cuál es la mejor opción para ti.

Aquí, el ID se encuentra en el punto medio entre el corazón y la intuición que ya te han indicado el camino, y la mente que comienza a valorar los pros y los contras de ambas situaciones. El ID tiene la difícil decisión y misión de poner de acuerdo a ambas. Cuando esto sucede, todas las funciones del ID se cumplen y el cuerpo se vuelve un lugar saludable. Desde ahí, sí.

Entonces, si el ID hace bien su función y es capaz de discernir, la Vejiga también separará lo puro de lo impuro y eliminaremos a través de la orina las impurezas y nos quedaremos con las sustancias necesarias para nuestro bienestar y nuestra supervivencia.

Ahora bien, veamos qué sucede en nuestra vida emocional cuando el ID no realiza bien su función. Es necesario verlo porque no solo nos componemos de huesos, músculos, tendones, órganos, etc. y no solo ellos pueden tener síntomas. La vida emocional está intrínsecamente arraigada a la vida física. Por ello, es importante e interesante ver qué sucede en este caso.

Recordemos que tenemos el ejemplo práctico de que nos ofrecen un aumento de sueldo o un cambio de ciudad. Bien. En la sociedad en la vivimos hoy en día se ve mucho la falta de escucha propia. Es decir, podemos, solemos y se nos da de fábula, escuchar el ruido externo (TV, redes sociales, etc) y a los demás (familia, amigos, compañeros de trabajo, pacientes, etc) pero se nos da de manera horrible escuchar nuestro interior y a nuestro corazón. Cuando digo horrible, es horrible. Este hecho - *porque es un hecho* - dificulta seriamente la toma de decisiones, la cual queda a entera disposición de la mente o esfera racional. Esto se convierte en un gran problema.

Cuando esto sucede, no escuchamos a esa vocecita interna que todos tenemos y que nos ha avisado ya de qué opción es la mejor. Como no lo hemos escuchado, hemos dejado que los pros y contras que la mente quiere priorizar adquieran un gran valor. Entonces, nuestro ID, el cual está cegado ante tanta información vertida por la mente, no sabe qué escoger; no sabe qué es lo bueno y qué es lo malo.

La mente nos arroja frases como, por ejemplo, las siguientes: *si te quedas, te pierdes la experiencia de vivir fuera; si te vas, te pierdes la posibilidad de ganar acorde a lo que tú vales; si te vas, tendrás que hacer amistades nuevamente y eso cuesta; si te quedas, te vas a quedar con la espina de no vivir la experiencia de vivir fuera.*

Como ves, lo que arroja la mente no son pros ni contras, sino boicots. Aparecen emociones como el miedo, que darán lugar a la culpa y, posteriormente, al arrepentimiento. Esto hará que la decisión que tomemos esté basada en la historia personal, en aquello que nos han contado, en los beneficios superficiales que otras personas han determinado y en el ruido externo. Además, hará que puedas sentir una emoción que no te pertenece (la culpa) en favor del miedo. Todo por estar sordo debido al exceso de atención externa que has dedicado durante mucho, mucho tiempo.

En este caso, el ID colapsa y comienza a dar síntomas. Pero, no solo eso, sino que entra otro órgano en funcionamiento. Ese órgano es la Vesícula Biliar que, para la medicina china, nos aporta el coraje necesario para llevar a cabo la decisión que tomemos. Al estar confusos debido a que no hemos escuchado a nuestro corazón, a nuestra vocecita, a nuestra intuición, lo que conseguimos es una parálisis. El coraje no se activa y no nos permite tomar acción. Cuando la vida nos obliga a tomarla, la acción que tomamos estará poseída por dos emociones: miedo e impaciencia. Es decir, ya no solo el miedo se habrá apoderado de la situación y la estará controlando, sino que nos entrará la prisa por querer decidir y avanzar.

Aquí, llegaríamos a problemas desencadenados por esta indecisión. ¿Cómo vamos a elegir si no sabemos lo que es bien o mal? Elegiremos por inercia, por lo que nos han contado. Entonces, surgirán diferentes síntomas que estarán asociados a muchos otros factores, dependiendo de la persona concreta. Lo que es seguro es que habrá síntomas y que estos síntomas, para buscar su origen, habría que retroceder bastante en el tiempo.

Estos síntomas que aparecen por estas indecisiones y esta falta de discernimiento aparecen de manera muy gradual y simbólica. Son síntomas que pueden tardar incluso años en dar la cara. Tranquilo, tranquila, no te preocupes. Es lo normal. Lo malo de esa situación es que cuando surge el síntoma no piensas en el origen real. No te preocupes, por algo has comprado este libro.

De esto trata este capítulo: elegir con el corazón lo que tu esencia marca. Digamos que, si hay algo que está escrito y de manera innata te sale ayudar a los demás, ¿qué sentido tiene quejarte cuando ayudas? En realidad, el sentimiento que se debería de generar es el contrario: gratitud, amor, tranquilidad, etc.

Veamos una teoría de por qué sucede esto en el siguiente capítulo.

Capítulo 6

Esto es fácil: si haces lo que está escrito,
no aparecerán las enfermedades
(salvo si tienen que aparecer).

Suena duro. Suena muy duro. En realidad, el título de este capítulo es una generalidad muy vasta. Pretendo serlo.

El origen de los síntomas y/o enfermedades es muy amplio. Escucharás decir que la enfermedad se crea en el sistema energético (ahondaremos en esto). Escucharás decir que la enfermedad es por la esfera emocional. También escucharás decir que como estás comiendo muy mal, tus síntomas y/o enfermedades vienen a raíz de ello. También, es posible que hayas leído o escuchado que los síntomas y enfermedades (o todo lo que nos sucede en la vida) es debido a un pacto que firma nuestra alma antes de bajar a este estado físico.

Entre todas estas teorías, ¿cuál dice la verdad?

Personalmente, me gusta distinguir entre verdad y Verdad. La diferencia no solo radica en la v minúscula o mayúscula, sino en su significado. La verdad es la opinión. Por ejemplo, habrás escuchado la frase de "cada uno tiene su verdad". En cambio la Verdad es algo similar a lo que Platón expuso en el siglo V a.C. con su teoría de las Ideas. Es decir, la Verdad sería aquello que Es, que no admite discusión y que todos sabemos en nuestro interior que es Verdad. Me refiero a que, por ejemplo, todo el mundo sabe en su interior que matar no es algo acorde a la naturaleza del ser humano. En cambio, según "su verdad" hay personas que justifican los asesinatos. Por ser un tanto redundante, la Verdad es algo que no admite discusión. Por mucho que justifiques un asesinato en nombre de Dios o de quien o de lo que sea, son justificaciones mentales que tratan de huir de la Verdad.

Diferencio estas dos formas de verdad porque cuando actuamos según la Verdad siempre obtenemos un beneficio saludable. Siempre es siempre. No hay ninguna excepción. En cambio, cuando actuamos desde la verdad, actuamos desde una lotería en la que, en ocasiones saldrá bien (cuando nuestro acto esté alineado con la Verdad) y en ocasiones, saldrá mal (cuando no esté alineado).

Teniendo claro estos conceptos o ideas, es hora de romper ciertos mitos acerca de un síntoma, una lesión o una enfermedad. Lo primero es romper esa creencia que se está extendiendo de que todos los síntomas tienen un significado. Esto es un intento de algunos terapeutas de entender lo que está sucediendo en el cuerpo del paciente (o en el suyo propio). En cambio, no quiere decir que sea Verdad. En multitud de ocasiones me he encontrado con personas que han acudido a mi consulta en la que su síntoma o enfermedad ya estaba escrito. Es decir, tenían que pasar por esa experiencia vital, por lo que el significado es tan insignificante como "tenía que pasar". Por lo que cualquier significado mental que se le quiera dar es un burdo intento de acercarse a la Verdadera Realidad.

Un acercamiento a la Verdadera Realidad es mantenerse fuera de ella. No te recomiendo que te acerques a ella, sino que la vivas. En este caso, si surge una enfermedad que estaba escrita lo notarás porque estarás en calma y sin agobio, transitando lo que haya que transitar. Es más, cuando transitas lo que estás sufriendo con esa calma, verás que la respuesta para solucionarlo estaba delante de tus ojos y lo único que necesitabas era parar, observarlo y actuar en consecuencia.

En cambio, en las enfermedades que nosotros mismos hemos creado a través de ciertos hábitos o tenemos una lesión debido a una imprudencia, tendremos la tendencia a vivirlas desde la desesperación, desde la rabia, desde la injusticia.

Estas son las enfermedades, síntomas o lesiones que sí podrían tener un significado o sí podrían querer decirnos algo. A veces nos dirán algo concreto y otras algo simbólico. Depende de cada caso en concreto.

Se ha extendido el pensamiento o la propuesta que quiero ilustrar con este ejemplo: llevas una vida estresante y sufres una enfermedad, lesión o cirugía que te para en seco, y, de repente, surge el pensamiento "la vida me está diciendo que pare".

Como estamos rompiendo mitos te diré que esa afirmación es verdadera en ocasiones, por lo que no la convierte en Verdad. Quizá la vida no te está diciendo que pares. Quizá la vida no te dice absolutamente nada. Quizá simplemente hiciste algo que no debías hacer. Quizá comiste durante años unos productos (y no alimentos) que hicieron de tu sistema inmunológico un sistema inmunológico deficitario. Quizá seguiste un ritmo de vida más alto de lo que podías aguantar. Quizá, simplemente, lo que sucedió fue que tenías que ir siempre por el camino de tu corazón y escogiste del miedo, condicionado por el supuesto "estatus social". Quizá tuviste demasiadas expectativas.

Una vez más, no lo sé. Depende de cada caso.

Este libro está escrito con la intención de que actúes en tu vida sabiendo que todo va a salir bien. Por eso tenemos que derribar lo que impide que salga todo bien: las mentiras o, lo que es lo mismo en muchas ocasiones, las verdades.

Recuerda que las verdades a las que me refiero son las opiniones de cada uno. Ese es el problema: en muchas de las áreas de la vida social nos hemos basado en verdades y no en Verdades. Una verdad, posiblemente, tenga un interés detrás. En cambio la Verdad no tiene interés; la Verdad simplemente Es. Y, como Es, tú saldrás siempre beneficiado. También yo. También él. También ella. Es decir, si nos basamos en Verdades, todos salimos beneficiados.

Continuamos con el tema de este capítulo.

Las acciones que hacemos en el día a día y están alineadas con lo que somos, es decir, con la Verdad, nos traerán siempre beneficio que nos retroalimentará constantemente. Gracias a esta retroalimentación viviremos con sensaciones agradables constantes y, en ese estado, la ciencia ya muestra en diferentes estudios que las hormonas que se segregan constantemente son las adecuadas para la vida.

Siguiendo esta línea propuesta, al vivir en armonía y nuestro sistema inmunológico también, gozaremos de una salud robusta. Estaremos ajustando nuestro cuerpo físico a lo que realmente nos mueve: el cuerpo no físico.

Me acuerdo de que hace unos años me encontraba con personas muy preocupadas por su salud y lo que hacían era medicarse mucho y encerrarse en casa. Los medicamentos, en exceso, está más que evidenciado que producen más mal que bien y el aislarse del contacto físico y natural, también. Lo que estaban haciendo estas personas, además de actuar desde el miedo, es debilitarse poco a poco. En aquella época me vino a la cabeza un símil que te quiero compartir ahora. Asemejaba esa situación de miedo hacia lo que nos pueda enfermar de fuera - *virus, bacterias, accidentes, traumatismos, insultos, etc* - con ponernos un chaleco antibalas como protección para nuestra salud. Estos ítems que he nombrado serían las diferentes balas que día a día nos atacan (algunas de ellas, nos fortalecen). Y, el chaleco, sería nuestra protección externa. Lo que les comentaba a estas personas que me iba encontrando es que nuestro chaleco se conforma de partes que dependen de nosotros y partes que no y que, cuando nos atiborramos a medicamentos y nos encerramos, lo que hacemos es ponernos más chalecos. Pero esta vez son de la siguiente manera: ficticios. En realidad lo que está sucediendo es que nuestro chaleco se va deshilachando. Se va rompiendo. Y, poco a poco, nuestra salud se ve afectada.

La propuesta que les lanzaba es la misma que te lanzo a ti: mejora tu salud de dentro hacia afuera. No de fuera hacia adentro. Y, así, te garantizas que cualquier chaleco te salvará porque entenderás que no hay de nada de lo que salvarse sino a lo que adentrarse.

Hemos huido de la enfermedad. No te sabría decir con exactitud cuántos años llevamos huyendo y luchando contra ella, pero es lo que está sucediendo en la actualidad cuando, en realidad, la enfermedad no es nuestra enemiga. La enfermedad aparece como la luz verde, ámbar o roja de un semáforo: nos da un aviso, un mensaje, un regalo (esto está abierto a interpretaciones).

Ahora, al introducir el tema del cuerpo no físico, es momento de hablar de la armonía que comentaba con anterioridad porque siento que es la clave para poder continuar.

Cuando he hablado de armonía me he referido a que nuestro cuerpo físico está en armonía con Lo Que Es. Digamos, por simplificar, que Lo Que Es es Dios, la Fuente, el Universo o el nombre que le quieras poner. Es indiferente e irrelevante el nombre que le quieras poner a aquello en lo que todas las culturas del mundo están de acuerdo: existe algo más.

Y para que todas estén de acuerdo tiene que ser algo milagroso. Créeme. Pero bueno, este no es el libro de un curso de milagros, así que, continuemos.

Quiero que te sitúes. Imagina tu cuerpo físico. Imagina que estás de pie. Y ahora, imagina que una luz, del color que quieras, atraviesa tu cabeza y baja por tu línea media para salir por los órganos sexuales hacia el suelo. Esto te lo podría haber adornado diciéndote que entra por el séptimo chakra y sale por el primero hacia la madre tierra, pero ya has visto que soy claro y directo y quiero que te enteres de lo que te hablo sin la necesidad de buscar en otra parte.

Ahora que ya ves esa luz, podemos continuar. Esa luz podemos decir que es una conexión que todos tenemos con el cielo y con la tierra, con lo no físico y con lo físico. Es eso que nos une, que nos mantiene con vida. Es eso que se ha encarnado (hecho carne) para experimentar ciertas cosas en el mundo físico. Es ese "alma" que llaman las diferentes culturas.

Esto, como te digo, es solo una representación. Hay tantas como personas en el mundo. Y te he recomendado seguir esta representación por seguir un hilo conductor, no porque la mía sea mejor sino para entendernos.

Bien. Aclarado ese punto, podemos continuar.

Esa luz, ese alma, ese espíritu, hace que nuestro cuerpo sienta. Ya estamos completos. No necesitamos más de lo que tenemos y esa luz se encarga de que lo sepamos. El cuerpo físico ya está presente cuando esa luz se conecta con la tierra y es, precisamente por eso, que debemos hacer más caso al cuerpo que a la cabeza en cualquier vicisitud que nos pueda surgir en la vida porque el cuerpo siempre estará alineado con el alma y, por lo tanto, el cuerpo siempre estará alineado con aquello que saldrá bien.

Siempre.

La armonía no se consigue haciendo trucos de magia. A la armonía se llega a través del cuerpo. Y para llegar a ella a través del cuerpo hay diferentes maneras, todas válidas. Ninguna es mejor que otra. Enumerar aquí algunas de ellas te puede servir pero no quiero que te anclen ni te fijen a que únicamente estas sean las vías de acceso porque, precisamente, estarías haciendo eso: delimitarte. Aun así, asumo el riesgo y te nombro algunas que se me ocurren: presencia en quietud, meditación, baile, yoga, ejercicio físico, pasear, naturaleza, pintar, escribir, etc.

Añado la meditación en esta lista por dos motivos: porque es inherente al ser humano y porque el cerebro forma parte del cuerpo. Una vez más, no sé de dónde viene ni cuántos años llevamos pensando de forma disgregada o separada pero no nos hace ningún bien. En nuestra vida, en nuestro ser, no va el cerebro (la cabeza) por un lado y el cuerpo por otro. Está todo unido.

Estando en armonía, todo fluye. Ese estado lo notas después de haberlo transitado y quieres volver a él, una y otra vez. ¿Es posible vivir en ese estado? La respuesta que siento al lanzar esa pregunta es que sí, es posible. Una de las razones por las que no conseguimos ese objetivo es porque anhelamos sentir aquellas sensaciones que sentimos estando en armonía, por lo que el anhelo se vuelve protagonista cuando no debería existir. Cualquier "cosa" que antepongas a la sensación de Plenitud se tornará como la "cosa" existente y desbancará a la Plenitud.

Lo primero que he citado en la lista ha sido con lo que vi la luz. Utilizo esta expresión para hacer la gracia y para referirme a la luz de la que estábamos hablando. Presencia en quietud son unos encuentros promovidos por un hombre llamado Mike Boxhall, el cual recibió las enseñanzas de Irina Tweedie, autora del libro "El abismo del fuego". Esta mujer, nacida en Rusia, se trasladó a Viena y París para realizar sus estudios. Después, se instaló en Inglaterra y, tras la muerte de su marido, buscó refugio en la religión y se fue a India donde encontró un maestro sufí. Allí, relata en su libro/diario, se vio obligada a destruir aquello que creía ser para convertirse en lo que realmente era. Algo que, personalmente siento, deberíamos de hacer todos en algún momento de la vida.

Lo que ella aprendió no fue teórico. Tampoco práctico. Fue integrado, fue encarnado. Esta es la única manera de aprender. Lo repito de otra manera: la única manera de aprender es aquella en la que encarnas lo que has aprendido.

Esto quiere decir que, si eres terapeuta - *hablo desde la experiencia* - las técnicas que utilizas no las utilizas porque hayas estudiado conceptos teóricos sino porque están integradas en ti. Has podido ir al curso del auténtico maestro de las agujas para utilizar una técnica milenaria de medicina china, por ejemplo, que si no tienes integrado lo que has estudiado, no practicarás desde el alma y los resultados nunca serán óptimos. En una escala del 0 al 10, tus resultados nunca subirán del 6-7. Las personas a las que trates recaerán o no notarán el verdadero beneficio de las terapias: la Salud.

Por desgracia, este último párrafo sucede en la gran mayoría de los terapeutas que existen hoy en día.

Este ejemplo es trasladado a todas las profesiones.

Retomando el tema de la presencia en quietud y de Irina, Mike Boxhall tuvo la suerte de encontrarse con ella y en esos encuentros descubrió lo que él más tarde denominaría Presencia en Quietud. Podríamos decir que consiste en un *acompañamiento* porque se trata de estar una persona con otra, pero si lo definiera así estaría limitando el inmenso potencial que ello encierra, por lo que te pido que no te quedes solo con la palabra *acompañamiento* ya que no define Lo Que Es. En esta situación en la que una persona acompaña a otra - *observa que hablo de personas, no de terapeuta y paciente* - se da el secreto de toda terapia: la escucha. Si se partiera de alguna base, Presencia en Quietud partiría de la base de que los problemas, enfermedades, síntomas, patologías, surgen de que algo no ha sido visto, escuchado o sostenido por nosotros mismos o por alguien de suma confianza. Aunque, en realidad, es por nosotros mismos por quien no ha sido escuchado porque cuando transmitimos la información a alguien en realidad, al verbalizarlo, estamos haciéndolo hacia nosotros mismos. ¿Habías pensado en ello alguna vez? Sigamos.

En ese encuentro en el que dos personas están juntas, una de ellas está tumbada para que esté más relajada y la otra está sentada a su lado. Ahí comienza el lugar seguro en el que puede surgir la magia de expresar sin expresar, de mostrar sin necesidad de exponer un argumento. Ahí fue donde descubrí la Verdadera Salud.

Mi momento fue traumático. Me vi caer, rodeado de miedo, mucho miedo. Al llegar al suelo y darme un golpe fuerte, sentí que me perseguía una bola gigante con pinchos. Después de más y más miedo, y de huir de la bola, me paré. La observé. Cuando se acercaba a mí con más intensidad, se frenó en seco y se disolvió. Apareció entonces lo que en algunas culturas denominan el lugar de poder. Fue un lugar que no te puedo descubrir ya que, si me remito a esas culturas, carecería o perdería parte de su poder para mí. Solo te puedo revelar que era un lugar completamente rodeado de bellísima naturaleza.

En ese lugar, hubo Comprensión. Yo no busque esa sensación. Por ponerlo en alguna palabra, podría decir que dicha Comprensión emergió. Digamos que es como si fuera algo que llevaba dentro - *que todos llevamos dentro* - y de repente salió a la superficie para que cada célula de mi cuerpo, de mi ser, pudiera verlo, tocarlo, sentirlo, escucharlo. Fue algo que podríamos calificar como mágico porque científicamente no sabría decirte de dónde emergió. Pero, si lo denomino como mágico, puede llevar a confusión y llevarme a mí a ser señalado como charlatán. Así que lo resumiré como lo que fue: una sensación de Plenitud, de fusión con el entorno.

Lo que tengo claro, gracias a la repetición y a la práctica, es que ese suceso se dio gracias a que el lugar era seguro. Me hallaba en un entorno en el que podía emerger gracias a la compañía que tenía. Y, en este lugar en el que estamos de la historia de Comprensión, debo confesar algo que podría ser mal visto: la persona que me acompañaba, ese chico que estaba conmigo durante 40-45 min para que yo viera lo que fuera preciso, me caía mal. Era un chico con el que había coincidido hacía 9 años en un curso completamente diferente y nunca fue de mi simpatía. Volvimos a cruzarnos en el camino de la vida en este lugar de presencia en quietud y nos tocó juntos en esa primera práctica.

Esto lo cuento para que veas que el lugar seguro que se genera en una "sesión" así es independiente de tu pensamiento para con la persona que lo "lleva" a cabo. En esos 40-45 min se caen todas las caretas, toda la historia personal de cada uno y emerge lo necesario. En estos encuentros se dice "el Trabajo hace el Trabajo", haciendo referencia a que lo que sucede en ese tiempo y lugar es perfecto y que cualquier tipo de suceso que pasa a posteriori, también lo es. No hay juicio ni una pauta a seguir. No hay un protocolo de acciones a realizar después.

Mi segunda práctica fue como "terapeuta" y fue un golpe de realidad absoluto. Mi formación como fisioterapeuta me hacía creer, pensar y actuar, que yo soy quien ayuda a la persona que entra en consulta. Me hacía creer, pensar y actuar como si yo fuera el salvador y su salud dependiera de mí. En esa sesión en la que yo era el "terapeuta" vi, de manera fuerte, que estaba muy, pero que muy equivocado. En esa sesión vi un corazón muy grande pero que estaba siendo aprovechada una pequeña porción de él. Como mi visión siempre era hacia afuera, sumado a mi prejuicio contra este chico, achaqué esa visión a que el chico tenía un potencial inmenso por descubrir. Cuando compartí con el grupo mi experiencia, el "profesor" (pongo ese apelativo para referirme a la persona encargada de acompañarnos como grupo, para que nos entendamos), discípulo directo de Mike, médico y osteópata experimentado tanto en la salud como en la enfermedad, me dijo lo siguiente señalándome con su dedo índice a modo inquisitorio: eso que has sentido es tuyo, no suyo.

Esas palabras resonaron con dureza y fuerza dentro de mí. Mi primera reacción fue de enfado y me salió la frase "no tienes ni idea de lo que yo he sentido". La segunda fue la siguiente: tiene razón. Lo que sucedió a continuación es que me vine abajo. Pasé el día cabizbajo. Ni siquiera comí y si me conoces sabes que como mucho.

Esa misma noche no pegué ojo. A las 6 y media de la mañana salí a correr por las calles - *más bien por sus cuestas* - de Toledo, lugar donde se llevaba a cabo este encuentro. Salí para calmar la taquicardia que sufrí durante gran parte de la noche, la que me impidió dormir. Después del desayuno, en la práctica compartida, descubrí de dónde venía la taquicardia.

Hicimos una meditación guiada en la que hubo movimiento. Tras cerca de una hora de meditación con diferentes pautas, la persona que lo guiaba nos indicó que nos acercáramos a la persona que tuviéramos enfrente. Tuve la suerte de encontrarme a un amigo. Después del ejercicio que nos marcó, debíamos dejarnos llevar por esa persona con los ojos cerrados. En ese momento descubrí algo que está muy oculto dentro de nosotros: la confianza ciega.

Somos guiados. Aunque no veamos lo que nos guía, somos guiados. Tenemos la falsa ilusión de pensar. Aquello que nos guía no es algo pensado por nosotros, sino que nosotros somos pensados por Ello.

Ahí lo sentí y lloré. Lloré de emoción pura y plena. Lloré de haber sido tanto tonto - *fue un pensamiento que vino* - por no haberlo visto antes. Lloré porque me maravilló la luz que era Aquello.

Ese día comí con calma y rodeado de las personas que éramos. Parecía que le caía bien a todo el mundo. Todas las personas querían consultarme o preguntarme. O simplemente hablar conmigo. Yo no entendía nada. Simplemente estaba y disfrutaba de Aquello.

Por la tarde, ese mismo día, teníamos la última sesión de acompañamiento. Esta vez me había tocado con un chico que conocí en dicho encuentro y nos caímos muy bien. Cuando estuve tumbado, vi muchas cosas. Entre ellas, a una persona que se parecía mucho a mí. No sé si era yo, no sé si era un posible hermano gemelo, no sé si era un doble. No tengo ni la menor idea ni tampoco busco una explicación. Tampoco quiero saberla. El caso es que sé lo que vi y eso me es suficiente. Vi que cuanto más cerca estaba de mí esta persona idéntica, peor me encontraba. Aparecía un dolor y opresión torácica que había sentido muchas veces en mi vida y yo achacaba a diferentes situaciones emocionales transcurridas en el pasado. Lo que es importante es que en ese espacio era capaz de decirle que se fuera. Tras ello, apareció en mí un sentimiento, una sensación, similar a lo que conocemos como *echar de menos*. Esto me llevó a pedirle que se quedara y, cuando volvió el dolor y la opresión, le tuve que decir que renunciaba a su compañía y podía irse.

Ahí fue cuando apareció la famosa luz que hablan las personas que han tenido una Experiencia Cercana a la Muerte (ECM). Hacia dicha luz fue esta persona que no paraba de decirme si estaba seguro con la decisión tomada. Incluso, se me dio la oportunidad de preguntar a la luz si yo también debía irme y apareció un NO gigantesco. Después, escuché con total nitidez las palabras *"todavía no es tu momento, aún te queda mucho por hacer en este mundo"*.

Tras esto que vi, me invadió de nuevo la Confianza y la Comprensión vividas con anterioridad. De repente, caí en una relajación que a día de hoy, 7 años después, no puedo describir.

La persona a la que me he referido como "profesor" me confesó, cuando compartí mi experiencia, que era la primera vez en 13 años haciendo este Trabajo que había necesitado levantarse de su asiento e ir a acompañar a alguien, haciendo un refuerzo a la persona que me acompañaba a mí. Esto implicaba que mi viaje era potente y necesario. Se lo agradecí.

Esta es mi experiencia, Real, de cómo conocí la Salud. De cómo supe dónde y en qué debía confiar. Fue donde descubrí que este libro sería escrito aunque para su consecución tuvieran que pasar 7 largos años.

Ahí fue donde comencé a integrar la importancia de integrar (valga la redundancia) lo que se aprende. Y, en la segunda experiencia con estos encuentros, encontré lo que había ido a buscar y no era consciente hasta que he escrito estas líneas.

La renuncia.

Capítulo 7

Renunciar significa ganar

Si para ti la renuncia significa ganar, lo has aprendido todo.

La renuncia a la que me refiero en el capítulo anterior y voy a recalcar en este - profundizando en ella - es la misma renuncia a la que se refieren diferentes culturas. En la sociedad moderna se ha denominado como la renuncia del ego. En mi opinión y, sobre todo en mi sentir, siento que esta denominación se queda muy corta.

La renuncia es quitarse el velo impuesto. La renuncia es aquel *darse cuenta* que describe Jiddu Krishnamurti en su libro. La renuncia es volver al cuerpo. La renuncia es verte como lo que eres: una unidad compuesta de diferentes sistemas que cooperan entre sí y que están unidos por algo invisible pero notorio.

En aquel segundo encuentro que fue cuatro después del primero, encontré lo que buscaba sin saber lo que buscaba. Esta es la verdadera magia de la Presencia en Quietud: encuentras lo que Eres en realidad y no el constructo que te has o te han fabricado.

En esta segunda visita a este tipo de encuentros, Kiril (el profesor al que me refería en el anterior capítulo) guió nuevamente el fin de semana de manera extraordinaria, desde la humildad y el respeto por cada uno de nosotros y hacia sí mismo. En esta ocasión, me tocó "ser terapeuta" primero. A esto de ser terapeuta me referiré a partir de ahora como el que escucha, acompaña o sostiene. De una de esas tres maneras que se acercan más a la definición de lo que ocurre. Y cuando sea mi turno como paciente, seré el escuchado, acompañado o sostenido.

En esta ocasión, como el que escucha, me tocó estar con una chica que no conocía. Durante la sesión, tuve la sensación de no querer juzgar ni guiar lo que pudiera estar viendo o sintiendo. Me mantuve a su lado. Después, sentí la necesidad de posar mi mano en su hombro en un momento determinado. Cuando ella compartió lo que vivió, dijo que posé mi mano justo en el momento que ella necesitaba un apoyo. Por supuesto, yo no era consciente de ello ni tenía el más mínimo conocimiento ni indicio de que debiera poner mi mano para apoyar lo vivido.

Esto, a ti lector o lectora, ya te debería de valer para hacerte ver que no nos regimos por lo que vemos, sino por algo que nos manda la orden de movernos y/o actuar cuando estamos en el presente. Algo que sentimos con una certeza abrumadora y, al sentir eso, tenemos la conciencia plena de que debemos actuar. Estos actos son los que irremediable e imparablemente salen bien. Estos actos son los que dan título a este libro.

Cuando me tocó a mí ser escuchado, comencé a transitar ese camino que no sabía que debía transitar. Lo que vi, al comienzo, fue aterrador. Como ves, las dos veces que he ido, la primera impresión siempre ha sido aterradora. No sé por qué será, pero ahora, si lo miro de frente como deberíamos de hacer todos cuando nos surge eso que llamamos como "problema", lo observo y veo que en mi vida siempre hay señales de alarma o miedos. Todo esto, que es heredado o aprendido, no es mío, por lo que carece de sentido.

Al verlo de frente me doy cuenta de que por eso debo escribir sin temor porque a las personas que lean estas líneas le parezca una fantasmada, ridículo o absurdo. ¡Qué más da!

Como decía, en el momento de ser el escuchado iba con el prejuicio, expectación y expectativa siguiente: "¿qué sucederá en esta ocasión?"

Las expectativas no son buenas. Te lo aseguro. Esa expectativa hizo que no fuera capaz de vivir más experiencias durante la sesión. Tras ello, cuando mi mente se evaporó, apareció el miedo. De repente estaba caminando un camino rural y llegaba a una puerta negra. Cuando miraba hacia atrás, observaba que el camino que había recorrido se había desvanecido. Ahí era cuando me entraba el miedo porque no iba a poder volver por donde había venido. Solo quedaba seguir hacia delante, seguir hacia la puerta negra. A medida que me iba acercando y veía la puerta más cerca, me preguntaba por qué no sentía miedo. El miedo solo aparecía si miraba hacia atrás y ese hecho me resultaba muy curioso. Si sentía miedo, debería de ser en todas las direcciones, ¿no crees?

Esto sucede en la vida en general ya que el miedo es una emoción y las emociones son propuestas que podemos coger o no coger. Cuando dejamos de mirar la propuesta se desvanece su efecto.

En el momento en el que llegué a la puerta, la abrí con decisión. Lo que me encontré me deslumbró. No porque fuera un paisaje muy bonito o un paisaje inesperado. Tampoco porque fuera una persona. Simplemente porque lo único que había era luz. De ahí mi deslumbramiento.

Después de ver la luz, no era capaz de atravesar la puerta y avanzar. Miré hacia atrás y vi que ya no existía ni camino, ni paisaje, ni horizonte tras de mí. Solo había vacío. Me aferré a la puerta con la firme intención de no traspasar hacia la luz pero también para evitar mi caída al vacío. Después de esto, y del agobio que sentía mientras estaba tumbado en una camilla y veía toda esta situación, no pude resistir más y fui hacia la luz. Me rendí.

La sensación que vino después fue de completa calma. No puedo describirla mejor.

Tras esa sensación de calma, a los muy pocos minutos, sonó el cuenco que utiliza Kiril para hacer notar que la sesión ha finalizado.

Cuando compartí mi historia Kiril me comentó lo siguiente: el camino que se desvanecía estaba siendo una representación gráfica de que no eres las técnicas que aprendiste. La luz al final del camino, que se lograba atravesando la puerta, simboliza la integración de dichas técnicas. Tú eres la terapia.

En ese momento tuvo sentido lo que vi durante la sesión.

Durante el día estuve bien. Ya conocía el efecto de la Confianza, de la Comprensión y de la Calma. Al día siguiente, en la segunda sesión, me ocurrió lo mismo que la primera vez que conocí la presencia en quietud y es que pensaba que ya estaba todo el trabajo realizado y nada más me podía sorprender. Craso error. Claro que me sorprendió.

En este segundo viaje me hallé cayendo al vacío pero en esta ocasión era de color blanco. A mi lado se veía una especie de termómetro gigantesco con números que iban del 30 y algo al 0. Representaban mi edad. A medida que descendía, una barrita dorada descendía por los números, haciéndose visible que estábamos en cayendo hacia el 0. El 0, en numerología, representa el todo o la nada, es decir, representa un mundo de posibilidades para entender nuestro destino.

Cuando llegué al final, caí en una especie de cacerola gigante. Para que te hagas una idea, si ya tienes, como mínimo, mi edad, conocerás los cómics de Asterix y Obelix. Bien, este segundo personaje cayó en una marmita de pequeño y se convirtió en lo que fue. Una especie de marmita o cacerola fue lo que vi.

En esos momentos, solo sentía culpa y pena. No era capaz de sentir otra cosa. Y, sin saber por qué, lloraba y lloraba en la camilla. Me imagino a la chica que estaba conmigo acompañándome y mirándome como si estuviera loco.

En aquella cacerola gigante había muchas otras personas sin forma. Era como si yo no hubiese nacido y estuviera en un lugar donde se escogen a las personas que vienen al mundo. Pero ese lugar era lúgubre, oscuro, había dolor, culpa, resentimiento.

Ese lugar representaba un útero.

De repente vi que alguien me ponía en el borde de la cacerola y a mí se me amarraban distintas personas, o distintas almas, que permanecían dentro de ella. Mientras tanto, sentía la necesidad de ponerme de lado en la camilla - *y no boca arriba, como ya estaba* - y dejar mi mano caer como para hacer el intento de coger a todas las personas que me pedían subir. Era como si yo hubiese conseguido lo que ellos anhelaban y yo me sentía culpable y, a la vez, responsable de que ellos subiesen e irresponsable por subir yo y ellos no.

Después, lo que me había subido a mí y yo solo había sentido como Amor, me dejó dos palabras para el recuerdo: el elegido.

Tras esto y haciendo recapitulación de lo que había sentido con anterioridad, se sumó una nueva sensación muy similar. Las que ya había sentido eran la Comprensión, Confianza, Calma y, por último, se sumó la Paz.

Indescriptible como las tres anteriores, y perfectamente tangible y reconocible por mí (y por cualquiera que la experimente).

Bien, para evitar confusiones, aclararé lo siguiente al llegar a este punto: no fui elegido para una magnificencia, para ser el nuevo Jesús, Gandhi, Buda o el personaje histórico que desees traer de tu memoria.

El elegido al que se refería era a que yo era quien tenía que nacer, quien tenía que venir a este mundo con estos padres y no las otras almas que querían agarrarse a mí para ellos también nacer.

Al compartir esto, lo único que me dijo Kiril fue "enhorabuena, has sentido algo precioso".

Y, lo que siento yo, es lo siguiente: tú también has sido elegido. Por la razón que sea, se realiza una unión entre Dios (la Fuente, el Universo) y tu alma para que vengas con este cuerpo concreto a experimentar lo que esté escrito y lo que crees tú, una vez tengas el cuerpo.

Dentro de mí, y cada vez más fuera de mí, sé que esas dos palabras quedaron marcadas y realmente me llevan a sentir que sí es algo más que solo haber nacido en este cuerpo. No veo el límite, ni el camino, porque dicho camino se irá haciendo a medida que dé los pasos adecuados.

Esos pasos son los que dicta el corazón.

Tras contarte mi historia en los dos encuentros que tuve con la presencia en quietud, recalcaré el valor de la renuncia. Seguramente hayas escuchado de otras personas esa pregunta de ¿quieres ser feliz o tener razón?

Bien, por ahí van los tiros.

Tengo una máxima que intento cumplir. Como es una máxima que escuché a un monje, aún no he interiorizado. Recuerda, yo soy la terapia, por lo que, si no ha salido de mí, me cuesta integrarlo. Esto también te puede pasar a ti y es normal. No te fustigues por aquellas cosas que aprendiste y luego no pusiste en marcha.

La máxima a la me refiero y le he recomendado a muchas personas es la siguiente: parar, observar y actuar. En las situaciones cotidianas estamos acostumbrados a actuar bajo el influjo de la historia personal y solo se lamentan aquellos que dan valor a dicha historia personal. Ese influjo hace que actuemos como un resorte cuando nos enfrentamos a cualquier situación; después observemos las consecuencias y, por último, paremos y quizá nos arrepintamos o quizá, huyamos hacia delante.

La propuesta de la máxima que propone este monje es la contraria. Primero parar. Después observar. Por último, actuar. Te la traslado porque la siento como Verdad. Te la traslado porque cuando vives desde la Calma que noté, Comprendes que la vida no es tan rápida como te hicieron creer. Te la traslado porque Confiando en estas palabras llegas a sentir la Paz que nos envuelve.

A un nivel superficial, la pregunta que te he lanzado antes, y que seguro que has escuchado en infinidad de ocasiones, se refiere a lo mismo que acabamos de nombrar. Lo que te cuento aquí es desde un prisma profundo. Ni mejor ni peor. Utilizo otro lenguaje. Un lenguaje que conozco y sé que tú reconoces porque también lo has sentido en alguna ocasión. Un lenguaje que nos saca de la superficialidad para adentrarnos en lo que realmente nos mueve.

Renunciar lleva implícito las tres cosas que sentí: Comprensión, Confianza y Calma. Son tres palabras que van dentro del verbo renunciar.

Renunciar, en estos términos, no es dejar de ganar, sino que es ganar.

La renuncia que te estoy comentando e intentando desgranar hace referencia a aquello que crees que eres para dejar paso a aquello que en realidad eres. Te voy a poner un ejemplo real.

Tuve hace tiempo a una persona que acudió a consulta. Su problema era que se aquejaba de dolor lumbar que se extendía por la espalda y el glúteo. Llevaba con ese dolor un tiempo bastante prolongado. El primer día que le vi, sucedió lo que normalmente sucede y es que me centro en lo prioritario y después van surgiendo los diferentes temas. Durante la sesión trabajé las diferentes estructuras que se veían bastante tocadas (muscularmente hablando) y todo fue bien. De repente, mis ojos se posaron en una cicatriz bastante extensa en la espalda y le pregunté por ella. Me contó la historia de dicha cicatriz y el accidente que sufrió.

Ahí me comenzó a venir un torrente de información y la necesidad imperiosa de que esa cicatriz debía de ser cerrada. Lógicamente, habían pasado muchos años desde el traumatismo hasta el momento de la sesión, por lo que la cicatriz a nivel superficial estaba cerrada. En cambio, a nivel emocional y energético (sobre todo emocional) estaba abierta. Y eso, es un problema.

Cuando esto sucede nos comportamos como la persona que fuimos en el momento de la cicatriz. Si esta persona tenía 12 o 13 años (no recuerdo exactamente la edad) en el momento de la cicatriz, cuando tenga que tomar una decisión 20 años después, la decisión estará marcada por su parte niño/adolescente. Por lo que, la decisión, tiene muchas papeletas para ser errónea.

Me contó también la situación que tenía en ese momento y, efectivamente, era cuanto menos, peculiar. Había llegado hasta ahí tras varias decisiones dudosas. En cambio, esta persona no tenía culpa de nada. Su cuerpo no estaba bien cerrado por lo que a nivel emocional era un coladero que solo dejaba pasar su dolor por el momento traumático que vivió a causa de un accidente. Cerrar esa cicatriz implicaba mejorar su calidad de vida, ya que sus decisiones serían correctas y alineadas con la persona que es, no con la que era a los 12 o 13 años.

Todos tenemos a nuestro niño interior dentro. Pero no es quien debe tomar decisiones. El niño interior es quien debe disfrutar de la vida y nos debe recordar a cada instante que lo importante de la vida es vivir. En el momento en el que hay una decisión que tomar, quien manda es la armonía, es el eje central que comentaba antes al hacer referencia a esa luz que nos atraviesa y nos conecta con la fuente. Y eso, está relacionado con el Corazón y nuestro termómetro es el siguiente:

Comprensión, Confianza, Calma.

Capítulo 8

La Paz está en ti

Comprensión, Confianza, Calma. Como resultado, si hiciéramos el paralelismo con las matemáticas, obtendríamos la Paz. En cambio, ese paralelismo es un tanto absurdo porque en matemáticas inventamos términos – denominamos a una variable A y a otra B, a eso me refiero con el verbo inventar en este contexto – para resolver un misterio. En cambio, la vida no es ningún misterio porque no hay que descifrarla sino vivirla. Lo que debemos descifrar es aquello que no está fluyendo. No por buscar su por qué, sino para devolver aquella situación a la armonía que pertenece y devolverle la armonía que le pertenece. Curiosamente, cuando ahondamos – la manera de ahondar es vivir – ese supuesto desajuste que causa o es el efecto de la pérdida de armonía, comienza a resolverse.

Sé que parece un trabalenguas, pero no lo es.

Este libro versa de cómo actuarías si supieras que todo saldrá bien. Para ello, debo volver a una parte de la historia que te he contado en el capítulo seis para así, que podamos ver la idea de frente. En aquel momento te contaba que transité un camino que se desvanecía a cada paso que daba. En la vida sucede exactamente eso. Acabas de leer una línea y la vida ya no vuelve; ese momento ya pasó y nunca se repetirá ni aunque lo recuerdes.

A mi gusto, esta experiencia sirve de enseñanza no teórica sino integrada, encarnada. Antiguamente la palabra encarnada era rechazada por mí. Hoy, en cambio, la estoy utilizando porque ilustra a la perfección lo que sucede cuando no te conformas con una idea o con la teoría sobre un tema, sino que la vives. La única manera de vivir las cosas es a través de cuerpo.

Quizá tu mente se haya puesto tensa al leer el párrafo anterior. Tranquilo. Tranquila. Es lo normal. No quiere decir que tu mente tenga la razón, sino que quiere tenerla pero ya sabes que tú no quieres tener razón, es más, no sabes ni que existe un concepto llamado razón. Tú quieres vivir.

Desde que nací dicen que tengo un don. Para mí, todos lo tienen y precisamente por eso yo no lo llamo don. Si me refiriera a ello como don querría decir que me distingue de ti. Lo único que me distingue es que mi don ayuda de una determinada manera y el tuyo de otra. Eso no lo hace ni mejor, ni peor. Eso no hace que haya comparación. Sería inútil perderse en comparaciones. Y, la verdad, no me gustan las cosas inútiles.

Como decía, desde que nací dicen que tengo un don. Lo llaman mediumnidad. Si no sabes lo que es o tienes una idea distorsionada de ello, te lo explico brevemente comenzando por lo que no es la mediumnidad. La mediumnidad no es nada peliculero. Tampoco son adivinaciones. Las películas son películas y las adivinaciones son azar. La mediumnidad no tiene nada que ver ni con una ni con la otra. Este don tiene que ver con una sensibilidad fuera de lo normal, fuera de la media habitual. Esta sensibilidad me permite Ver con V mayúscula, además de ver con v minúscula.

Ver con V mayúscula es ver aquello que no se ve con los ojos. Y ver con v minúscula es ver lo que todo el mundo - *salvo los invidentes* - puede ver. Y, por último, en otras ocasiones escucho una Voz.

Esas cosas que Veo, en ocasiones son bloqueos que tiene una persona. En otras ocasiones son personas que ya no están con nosotros, ya sea "físicamente" y nítidamente, o su presencia. En otras ocasiones, son situaciones emocionales que necesitan ser vistas para darles un sentido y así que la vida fluya. En otras ocasiones, Veo otras cosas.

Este don no lo es si yo, con lo que veo, intento imponer que una persona actúe según lo que estoy viendo. Según lees esta frase, seguramente te parezco pretencioso. Me ha pasado en infinidad de ocasiones. Normalmente, las personas de mi alrededor me dicen "qué pretendes, ¿que te hagan caso porque sí?"

En realidad, mi ego pretende que sí hagan caso y no porque sí, sino porque lo que Veo se cumple.

El don de la mediumnidad, como digo, no es adivinación. Esto quiere decir que si algo aparece para ser Visto, y lo Veo, es porque el mensaje debe ser transmitido. Observa que digo "debe" ser transmitido y no "puede" ser transmitido. En este caso, es un imperativo, no una posibilidad. El mensaje sí debe ser dado porque es necesario para esa persona. Por último, observa que digo que el mensaje debe ser transmitido, no ejecutado. La decisión de la ejecución no es mía. Tampoco tuya, porque en realidad no hay decisión. Cuando tomamos una decisión y pensamos que la estamos tomando quiere decir que es nuestra mente la que cree tener el control. En cambio, lo que te llevo proponiendo todo el libro con un mensaje sutil es que la decisión y tus acciones ya están tomadas y tu lugar en esta ecuación es dejarte llevar. Es decir, hacer solo lo que debes hacer.

Esa persona puedes ser tú, o puedo ser yo. Lógicamente, recibo mensajes para mí mismo. Mi vida, y la tuya, es más sencilla cuando nos dejamos llevar por esa inteligencia que dirige nuestros pasos.

En muchas ocasiones siento que debo ir a un lugar concreto. Mi mente me manda unos pensamientos de por qué debo ir a ese lugar y, lógicamente, mi mente se equivoca. Cuando llego a ese lugar resulta que alguien me tenía que decir algo que me llevará al siguiente lugar, donde en realidad, tenía que estar. Pero si no llego a sentir que tenía que ir al primer lugar nunca hubiese llegado a mi destino. Y, no solo sentir, sino que si no llego a hacer caso a ese sentir e ir a ese primer lugar, nunca hubiese llegado.

Puede sonar lioso, pero no lo es. Al contrario, ofrece una claridad pasmosa. La vida es mucho más fácil cuando simplemente haces lo que debes hacer y nada más. Además, desde que sigo este ritmo de vida me doy cuenta de que en realidad, las cosas que debemos hacer, son muy pocas. Muy, muy pocas. Te lo aseguro. La gran mayoría de cosas que hacemos son atrezo y adorno. Cosas completamente innecesarias.

Lo curioso de actuar una vez Ves lo que debes hacer es que te invade una sensación de Paz abismal durante todo el proceso de actuación y en la resolución de aquello que estés haciendo. Curiosamente, si estoy tratando y entro en esa espiral de hacer lo que debo hacer, la sensación de Paz no solo la siento yo, sino que la persona que está conmigo en la sesión también es invadida por ella. Repito, curiosamente.

Si te paras a observar lo que comentábamos en la capítulo en el que hablábamos de esa luz que nos atraviesa, deja de ser curioso para convertirse en algo obvio, en algo que debe suceder así.

Siento que este capítulo se me está yendo a lo abstracto y puede ser necesario aterrizarlo a tierra para que tenga utilidad real. No te puedo hablar de situaciones que no has vivido porque entonces volvemos a la teoría, cosa que, como te digo, no tiene ningún sentido.

Vamos con la parte práctica.

Recuerda una situación agradable de tu vida. Da igual el entorno: laboral, vacacional, imaginario. Lo que prefieras, es indiferente. Ahora, al tener claro ese recuerdo agradable, imagina que lo estás viviendo ahora. Deja y permite que te invada la sensación que sentiste. Y ahora dime, ¿qué te separa de ese recuerdo?

La respuesta es la siguiente: nada.

El ser humano no entiende ni de espacio ni de tiempo. Somos capaces de evocar una emoción sin estar en esa realidad. ¿Cuántas veces has sentido miedo y/o preocupación por un evento futuro que no sabes si sucederá? Sabiendo esto, ¿por qué solo centrarse en esas emociones más densas y no darle la vuelta y recordar lo bueno? Añadamos algo más, ¿por qué centrarse en emociones densas como el miedo, la tristeza o la rabia cuando sabemos que, si nos alineamos con nuestro eje central o con esa luz descrita capítulos anteriores, todo saldrá bien? Si todo está escrito, ¿qué sentido tiene imaginar una posibilidad remota, es decir, futura, si lo que vendrá es lo que tiene que venir?

Esto no es una invitación a vivir del recuerdo, sino a que sepas que puedes evocar una sensación más liviana o, como se dice socialmente, positiva. Quizá sea mejor opción que la de vivir preocupado.

Veamos ahora, con un poco más de detenimiento, qué es eso de que el ser humano no entiende ni de tiempo ni de espacio.

Somos un cuerpo físico. En cambio, esta frase, simplemente, se queda corta. Si fuéramos solo un cuerpo físico sí entenderíamos de tiempo y espacio. En cambio, siempre estamos en esa encrucijada de que nuestra alma no entiende esos conceptos y nuestro cuerpo sí. En una encrucijada, como sabes, no se puede vivir.

El tiempo designa una unidad de medida que va desde que sale el sol hasta que, al día siguiente, vuelve a salir. Puede parecer que el hecho de medir pueda tener sentido. En cambio, también ofrece muchos contras. El alma que está recogida y rige el cuerpo (el organismo en general) no entiende de ningún tiempo, por lo que cuando nuestra vida va dirigida por diferentes fechas límites, el cuerpo se estresa.

Cuando conecto con aquello que no vemos y le pregunto por el tiempo, la respuesta siempre es la misma: *no importa.* Profundizo un poco más en la pregunta para poder servir de ayuda a alguna persona que venga a consulta, y cuando eso ha sucedido la respuesta es la siguiente: *le dais demasiada importancia a algo que no importa. No debéis centraros en eso, ya que aquello que denomináis tiempo es eterno y os da miedo la eternidad. No debéis temerla, debéis vivirla.*

Si no estás familiarizado a este tipo de mensajes, son mensajes que no sé de dónde provienen exactamente pero sé que cuando vienen es por un fuerte motivo y con un propósito claro. Además, sé, por la experiencia previa, que es mejor hacerles caso.

En muchas ocasiones me he encontrado en la encrucijada de si dejarme llevar por la presión social o por estos mensajes. Cuando he cedido a la presión social he terminado estando incómodo de un modo u otro. En cambio, si escojo hacer caso a estos mensajes que no son opiniones, sino certezas, el resultado cambia por completo. Certezas como este libro. Certezas que son las que nos guían en cada uno de nuestros pasos. Estos mensajes son un manual paso a paso de qué y cómo hacer. Así nada puede salir mal.

Si ahora ha aparecido un mensaje acerca del tiempo es porque no solo es importante, sino relevante.

El tiempo al que hacemos referencia en nuestro día a día nos permite vivir con estrés. Una vez leí un libro basado en las vivencias de una persona de una tribu samoana. Esta persona viajó, debido a la globalización y colonización inglesa, a Londres. Lo que vio allí fue un esperpento en comparación a lo que él estaba acostumbrado. Culturas diametralmente opuestas puestas a los ojos de la misma persona. En esta ocasión lo resalto así para poner de manifiesto que la persona samoana se acercaba mucho más a cómo se debería de vivir que, en este caso, los londinenses. Entre otras cosas, uno de los factores que más extrañeza le producía era el tiempo. Veía constantemente a personas ver un objeto redondo en el que mostraba algo que el londinense llamaba "hora" o "minuto". La persona samoana no entendía nada, no sabía a qué se referían estos "hombres blancos", tal y como los llamaba.

Otro factor de suma extrañeza era que las personas contaban sus años de vida. Esto le chocó mucho porque esto de sumar los años - *e incluso, celebrarlos* - hacía que la gente viviera estresada porque sabían cuánto vivían aproximadamente las personas que cohabitaban con ellos y vivían estresados porque les quedaba más o menos tiempo de vida, según ellos.

La persona samoana vivía en un estado de completa presencia y de cero preocupación. Vivía con la convicción de que el tiempo no es más que estar haciendo lo que haces en cada momento, sin tener la preocupación de si mañana lloverá, nevará o hará sol. No hay concepción del mañana, sino de hoy. Si mañana hace mal tiempo, se quedan guarecidos en donde sea. Si mañana hace bueno, salen a cazar. Si mañana tienen que ayunar, ayunan. Si mañana tienen que comer más, comen más. Viven. No se preocupan.

Eso es la vida.

Hoy en día parece una barbaridad decir esto. Además de que por el simple hecho de decir esto muchas personas te responden de la siguiente manera: si tanto te gusta, vete a vivir allí. Si por mí fuera, me iría, vaya eso por delante. El caso es que en mi caso eso no es posible por diferentes motivos. En cambio, lo que puedo hacer es acercarme a vivir acorde a ese estilo. Acorde al estilo de vivir sin preocupación sabiendo con certeza que todo irá bien.

Las cosas, te lo adelanto, no pueden ir mal.

La Paz está en ti, no lo olvides.

Capítulo 9

Si tienes la concepción de que las cosas pueden salir mal, déjame revelarte un secreto: estás equivocado.

Las cosas solo tienen un modo de salir: perfectas.

En ocasiones o, más bien, en muchas ocasiones, lo que sucede es que tienes una pretensión de cómo quieres que suceda un hecho, o cómo te gustaría que se resolviera una acción. También, esperas cierto resultado. Gracias a las matemáticas sabemos que 2+2 son 4, pero la vida no funciona así.

Muchas veces me encuentro con situaciones como las siguientes:

- Ayer no te sentó mal la hamburguesa, ¿por qué hoy sí?
- El otro día te hice este mismo comentario y no te molestó, ¿qué pasa?
- Has hecho este gesto deportivo miles de veces y no tienes una lesión, ¿por qué te duele?

La vida no es lineal. La vida no es matemática pura. La vida tiene multitud de factores que alteran el producto final. Intentar adivinar el futuro es, precisamente, eso: un intento y, como tal, podrás acertar o fallar. Pero debes saber que simplemente es un intento de adivinación y no una certeza.

Cuando juegas a la lotería tienes muy claro que puedes acertar los números o no. Admites el error. En cambio, cuando estudias mucho un examen, lo haces bien y crees que habrás sacado un 9 o un 10 y te encuentras con un 7, te da un bajón anímico o sientes una rabia incontrolable. ¿Por qué? El examen es lo mismo que la lotería: un intento. Hay muchos otros factores con los que no cuentas: exigencia del profesor/a, ir demasiado rápido en las contestaciones, faltas de ortografía con las que no contabas, etc.

Con estas palabras me gustaría exponer el hecho de que conocemos una millonésima parte de la realidad, de la vida. Pongo ese número genérico para designar que es una cantidad ínfima la que conocemos en comparación a la que no conocemos. Dejo al margen las teorías que dicen que utilizamos solo un 10% del cerebro o que gracias a que dicho órgano no puede registrar más información somos capaces de sobrevivir, para adentrarme de lleno en el hecho de que no necesitamos saber más de lo que sabemos en cada momento.

Me resulta muy curioso cómo funciona la vida. ¿Cuántas veces has pensado en qué pasará después? ¿Cuántas veces has intentado organizar o planear, por ejemplo, una situación laboral? Imagina que eres autónomo y trabajas en una consulta. Imagina que, para la semana que viene, tienes citados a tres personas el martes pero algo dentro de ti te dice que, al menos a uno, no le verás. No sabes a cuál. Tampoco sabes por qué. En cambio, algo dentro de ti te asegura que no le verás. Entonces, ¿qué haces? Te preguntas por qué. Te preguntas si vas a ser tú quien tenga que fallar a la cita. Te preguntas si va a ser esa persona la que finalmente no va a poder acudir. Te preguntas que, si es la persona la que "falla", lo hará porque ha encontrado a alguien mejor. Después te podrás preguntar si en realidad es porque ha enfermado.

Todo son preguntas y solo hay una certeza. En cambio, no te vale con esa certeza y quieres saber el resultado ya. La vida dice que no, que el resultado debe esperar porque para llegar hasta el martes habrás tenido que vivir otras experiencias. Además, a veces la vida juega de esa manera para que, precisamente, te fíes de la única certeza que hay: ese pálpito, esa intuición que te dijo que no verías a una de las tres personas citadas.

¿Por qué dudas? ¿Qué necesidad tienes de dudar cuando ya tienes una certeza?

Si me refiriera al dicho "más vale pájaro en mano que ciento volando" en esta ocasión, lo haría para referirme a la relevancia que tiene fijarse en la certeza que tienes y no en las posibilidades que andan volando que lo único que hacen es distraerte y, la distracción, genera enfermedad. La distracción es lo que permite al mundo que haya caos desordenado.

¿Conoces el experimento de Schrödinger? No lo voy a contar aquí porque internet lo contaría mucho mejor que yo, pero sí te diré que hasta que no abres la caja existen las dos posibilidades: que el gato esté vivo o que el gato esté muerto. La certeza de la que te hablo te está diciendo cómo está el gato antes de abrir la caja y no por adivinación o por azar. La certeza de la que te hablo se salta la teoría de que la materia se crea a través de la energía enfocada y directamente crea la materia.

Me explico.

Hay una teoría que me resulta muy bonita que expone que la materia se crea gracias a que hay un observador. Es decir, gracias a que tú eres capaz de mirar o de fijar tu vista en un sitio concreto puedes crear lo que vas a ver. Lo que no dice la teoría es desde dónde miras. Para ello, recurro a la famosa frase de Walt Disney que dice que si lo puedes imaginar, lo puedes hacer. Esta teoría se basa en que donde pones el foco, pones la materia.

Lo que estoy planteando aquí es que hay algo que no voy a calificar que te avisa, te manda la certeza, te genera la intuición, de aquello que va a ser materialmente palpable. Volviendo al ejemplo de la consulta y las tres personas citadas, esto se traduciría en que antes de que llegue el martes está la posibilidad de ver a las tres personas, a una, a dos o a ninguna. Están todas las posibilidades disponibles y hasta que no abras la caja (es decir, llegues al martes) no averiguarás lo que sucede. En cambio, la certeza, la intuición, ya te ha dicho que va a haber una persona que no vas a ver, aunque ahora mismo no conozcas la razón.

Lo bonito de todo esto es que la teoría planteada se cumple ya que lo que sentiste (no lo que imaginaste) o, mejor dicho, aún, lo que te vino sentido y no lo que imaginaste, termina cumpliéndose por el mero y simple hecho de que la intuición es certeza. Y lo que es certeza es certero. Y es lo que es certero, se cumple.

En ocasiones no tienes ni la menor idea de cuándo se cumplirá. Pero lo hará. Seguro. Para ello habrá tenido que pasar ciertas cosas en el mundo y en ti mismo/a, pero pasará.

Teniendo todas estas premisas claras, ¿qué es lo que se te va a resistir? ¿Qué cosas pueden tener mayor probabilidad de salir mal?

Se te resistirá o podrá salir mal aquello que no te ha venido sentido. Es decir, aquello que no sentiste como certeza o intuición; aquello que socialmente te han dicho que debes hacer; aquello que quieres por carencia y no por abundancia porque la abundancia es lo que sabes que es para ti; aquello que crees que deseas pero detrás de ese deseo hay miedo, lucha, ira, venganza o condicionamiento externo.

¿Qué es lo que va a salir bien?

Aquello que te ha sido sentido. Aquello que, incluso siendo pequeño pudiste sentir como certeza. Aquello que no sabes por qué pero tienes la certeza de que ocurrirá. Son esas cosas que de repente parece que si estuvieras mirando a través de unas gafas sucias, la certeza sea lo que aclarara o limpiara dichas gafas y comenzaras a ver más claro que el agua. Esas cosas son las que saldrán bien en el 100% de los casos.

Quizá sea mejor poner ejemplos.

Aquello que te ha sido sentido puede ser una frase que no se entienda. Voy a intentar explicarme de la mejor manera que pueda. Hay sensaciones, sentimientos y pensamientos que no los sentimos ni los pensamos, sino que nosotros somos sentidos y pensados. En realidad, lo que yo pregunto es si hay alguno que nosotros pensemos...pero ese es otro tema. A donde quiero llegar es que las certezas no son entes que nosotros pensemos y después realicemos, sino ideas que surgen de no sé dónde y las sentimos de manera especial en comparación a otros pensamientos. Dichas certezas son las que finalmente toman forma y se cumplen. Dichas certezas son las que los experimentos científicos que te nombraba antes denominaban "poner el foco para que la materia se transforme en realidad". Lo que sucede es que el foco viene dado y, después, nuestra misión es mantenerlo enchufado.

Hace unos meses me operaron de la rodilla. Antes de la operación, cuando sucedió la lesión, supe que me tenía que operar. La lesión fue del ligamento cruzado anterior, es decir, no es una lesión de vida o muerte o que te limite el resto de tu vida (este último punto, dependiendo de cada caso). En mi caso, me podría limitar en alguna actividad deportiva como el baloncesto o vóley playa, deportes que practico como aficionado. Pero no fue por esto por lo que decidí entrar en el quirófano sino por la certeza que sentí de que algo iba a suceder durante o tras la operación que iba a cambiar mi vida a mejor.

Con respecto al deporte, hubiese sido capaz de encontrar otros deportes que me gustaran tanto como los que te he comentado anteriormente. No hubiese sido problema. Por ejemplo, también practico surf y ahí no he tenido problemas nunca. Otro deporte que practico es la calistenia. También, otro deporte que me apasiona practica es montar en bicicleta. Es decir, hubiese encontrado otro hobby. El deporte no fue lo realmente determinante a la hora de tomar la decisión de entrar en el quirófano.

La decisión vino precedida por una certeza. En esta certeza, fui ayudado por Dios, el Universo, la Fuente, o, como siempre te digo, el nombre que quieras ponerle. Igual que somos todos ayudados. Pero, además, al mes siguiente de romperme de nuevo el cruzado (en 2011 fui operado del mismo ligamento) tuve consulta con una de las médiums más reconocidas - *o la más* - del mundo. Ella me reafirmó lo que ya sentía: "opérate, no solo te irá bien, sino que todo te irá bien", me dijo, como dándome a entender que no solo la parte física de mi ser, en este caso de mi rodilla, irá bien, sino todo lo demás también.

Ella me confirmó también otra certeza que tuve antes de establecerme en Santander, pero esa no te la voy a contar, ya que no se ha cumplido.

La realidad tras la operación es la siguiente: dolor, mucho dolor los primeros días. Tanto que, normalmente en una operación como esta, se está una noche en el hospital. Yo estuve tres. Al día siguiente de la operación el traumatólogo me contó que realmente no hubo que hacer solo la cirugía del ligamento, sino de otras tres estructuras. Por eso tenía tanto dolor. Lo que vino a continuación fueron noches difíciles, sin pegar ojo.

Cuando ya estaba en casa, todo se repitió: el dolor y el no dormir. Según maestros de la cultura sufí, un ser humano debería de poder dormir bajo cualquier condición. Debe ser que dejé de ser un ser humano en esas circunstancias porque no era capaz de conciliar el sueño. Entre el dolor y la férula que me impedía doblar la rodilla, para mí era imposible.

Con el paso de los días todo se calma. Esto no iba a ser menos. Cuando ya no solo pasaron días, sino semanas, me fui percatando de un detalle: no necesitaba siesta. En mi vida anterior a esta segunda cirugía que te estoy relatando, los 10-15 minutos de siesta eran casi sagrados. A las semanas de la operación, a pesar de haber dormido peor que en toda mi vida, no necesitaba siesta. ¿Qué estaba pasando?

Después lo entendí: mi cuerpo, es decir, yo, estaba viviendo en estrés continuo y necesitaba un parón en la mitad del día para poder continuar. Al menos, para poder regenerar aquello que me había cargado durante el día con el exceso de pensamiento, de preocupación y de expectativa. Ahí estaba yo, autorregulándome con algo tan sencillo como era el descanso.

Y aquí está otra clave de salud y otra clave para que las cosas salgan realmente bien: la importancia del significado de las palabras. El descanso puede ser una variedad infinita de posibilidades: un baño relajante, un masaje, un paseo por la montaña, un paseo por la orilla del mar, una caricia de un ser querido, unas palabras de elogio, una siesta, dormir 6-7-8 horas seguidas por la noche, estirar las piernas después de un viaje largo, de dos a siete (o más) días de vacaciones laborales, etc.

Entonces, ¿qué descanso necesitaba yo en ese momento?

No fui consciente hasta después de que se cumpliera. Ese descanso era el aparcar los pensamientos de producción. Es un mal que sufren muchas personas que suelen ser independientes, que trabajan para ellos mismos (a nivel de autónomo y eso porque, en realidad, todos trabajamos sirviendo a los demás y a nosotros mismos, es decir, para los demás y para nosotros mismos). En mi cabeza siempre estaba merodeando la culpa por no hacer (producir) más, el reproche por no hacer lo que se supone que tenía que hacer, la rabia conmigo mismo y la tristeza típica de los pensamientos tales como "al no hacer esto, mi vida no valdrá la pena. Al no hacer aquello, no ganaré el suficiente dinero."

Me di cuenta que estos pensamientos no eran algo mío. Tampoco eran propuestas de Dios, es decir, no eran pensamientos que fueran pensados y después *"trasladados"* a mí. En realidad eran pensamientos que surgían por cosas que yo había visto fuera de mí. La comparación, el supuesto éxito de los demás, el trabajo o hipertrabajo de los demás, el fracaso de los demás y las expectativas que yo veía en el mundo laboral y personal hicieron mucha mella dentro de mí. Debido a la sensibilidad que tengo o poseo, o, más bien, a la sensibilidad que Soy, mi don también me juega malas pasadas si, una vez más, no lo enfoco de manera correcta. Dentro de mi sensibilidad o don está el que todas las personas estén bien o en su camino. Al ver que hay tantas y tantas personas que no lo están, yo sufría. Me lo cargaba a la espalda y seguía. Sin quererlo, eso fue dejándome vacío.

La operación me vino bien para rellenarme.

Ahora viene lo mejor de todo. Yo no tuve que hacer nada. Es decir, yo no fui quien fue a rellenar el cántaro a la fuente. Lo único que hice fue llevar el cántaro (mi cuerpo), a la fuente (Dios transformado en operación) para que surgiera la magia. No se necesitaba más. El truco de magia de Dios es instantáneo y ahí se desbloqueó lo que era necesario desbloquear. Tuve conversaciones interesantes, profundas y verdaderas con seres queridos, pasé por dolores que me hicieron empatizar - *aún más* - con las personas que había tratado con anterioridad y con las que trataré de aquí en adelante; mi sensibilidad se disparó por las nubes ya que un simple "gracias" a una enfermera que tenía un buen corazón y hacía bien su trabajo desgarraba lágrimas de emoción en mí. Todo esto - *y más cosas* - no hubiese sido posible si no llevo el cántaro a la fuente.

Es decir, si no hago lo que sentí (certeza) que debía hacer.

A la escritura de este libro, el cual nace también de una certeza que vino en la convalecencia de dicha operación, sigo rehabilitando la rodilla. Cada día me sorprende la calma que he visto que soy y no solo eso; la calma que eres. Y ahora, lo voy a escribir tal y como verdaderamente es: la calma que Soy y la calma que Eres.

He visto cosas durante este tiempo que pensé que solo se veían cuando tenías una Experiencia Cercana a la Muerte. Qué equivocado estaba. Hay personas que tienen cierta sensibilidad y son capaces de conectar sin vivir un estado cercano a la muerte. En ese grupo, a riesgo de que suene pretencioso y pueda levantar ampollas, estoy yo. He tenido la suerte de ver que tú y yo somos en esencia lo mismo: calma. Una calma indescriptible. Una calma que mueve el mundo y nos mueve a nosotros mismos. Pensamos que actuamos desde diferentes aspectos. En realidad, tenemos razón. Pero he llegado a Ver que no existe esa diferencia que se suele nombrar de "obrar desde el amor" u "obrar desde el miedo". En realidad, el miedo no existe dentro de nosotros. El miedo sería algo así como mirar hacia otro lado en vez de mirar a nuestra propia naturaleza. Es decir, imagina que estás frente a un espejo y en vez de mirarte en él, le das la espalda. El miedo sería actuar mientras lo que ves es lo que tienes frente a ti, olvidando que lo que eres (y el espejo te muestra) es amor, es calma.

A esto me refiero en numerosas ocasiones en consulta cuando le hablo a la persona que ha venido a verme de que no mire tanto hacia afuera, sino hacia adentro. Lo que le estoy pidiendo es que se mire en el espejo y vea el Amor y la Calma que es.

Acabo de decir que pensamos que actuamos desde diferentes aspectos. Depende a la persona que escuches o leas, te dirá que somos amor. Otros te dirán que somos conciencia o consciencia. Ahora vengo yo y te digo que somos calma. Todos te estamos diciendo exactamente lo mismo. La diferencia está en lo que cada uno de nosotros necesitábamos Ver o Escuchar profundamente.

Me he pasado la vida con eso que llaman impaciencia. Por eso a mí se me ha revelado como Calma. Gracias a la Calma Veo que todo es lo mismo: somos

Amor, somos Conciencia o Consciencia y somos Calma.

Para mi gusto y, sobre todo, en esta época de mi vida, me resuena más denominarlo Calma sin tener que delimitarlo a la calma convencional, sino a que se asemeje a un estado de flujo continuo con la vida desde el que se obra desde el más profundo sentimiento de calma.

Aristóteles nombró que para que un hombre actuase bien debía hacerlo desde el término medio de las emociones. Haciéndolo de este modo se lograría la felicidad. Para él, la ética se sujetaba a un fin. En cambio, para Kant, la ética no era un fin sino un deber y proponía obrar de tal manera que se pudiera considerar un imperativo universal. Es decir, que cada acción fuera ejemplo para todas las personas y ninguna pudiera reprochar nada. Lo que Vi proponía una unión entre ambas propuestas; la calma te hará moderado y obrar de manera que pueda extrapolarse al resto del mundo.

Escribiendo esta última línea me han venido recuerdos de disputas. Las disputas a las que me refiero son esas en las que las personas muestran lo que llaman opiniones. Yo lo llamo ego o niñatadas. Es decir, las opiniones que son vertidas en una disputa son esas en las que se pretende tener razón dando argumentos del siguiente estilo:

- Yo también puedo opinar.
- Tú no tienes por qué tener razón.

La calma va más allá de la razón. Cuando se actúa desde esa naturaleza que he descrito, la cual, somos todos, vemos con claridad que la razón es un intento de justificar una acción que no necesita ser justificada.

¿Recuerdas al samoano del que hablaba? En su país o, mejor dicho, en su tribu, cuando alguien hacía algo no daba ningún tipo de explicación a nadie de por qué había llevado a cabo tal acción. Tampoco nadie le pedía nada. No es que entiendan que se hace desde el bien o para el bien de la tribu, sino que tienen integrado que la calma no entiende de razón. La razón, para ellos, es absurda. Aquí viene otro mensaje: *a veces puedes dudar en cómo hacer tu vida mejor. Nosotros estamos cómodos mientras te vemos y te podemos aconsejar. Desde aquí te decimos lo siguiente: camina. No te detengas a pensar de qué manera puedes hacer. Solo camina. Todo se va alineando a medida en que avanzas. Preguntándote el cómo intentas planificar unos pasos que no recorrerás salvo si los das. Tu misión es darlos, no planificarlos.*

Por último, y tras este mensaje, decirte que la calma no necesita justificación. La calma no necesita explicación. La calma no necesita nada.

Por eso la calma te lo da todo.

Capítulo 10

No necesitas más.
Lo tienes todo.

Aquí está la clave de todo.

Aquí está lo que podemos decir que es el resumen del libro entero.

Esta es la clave por la que nos deberíamos de mover y no por lo que realmente se mueve la gran mayoría de la humanidad.

¿Recuerdas que hablábamos de la diferencia entre actuar desde el amor o desde el miedo y veíamos que era indiferente ya que el miedo no existía dentro de nosotros? Ahora veamos la idea de actuar desde la carencia o la abundancia.

Existe la ilusión de creer que estamos incompletos. Existe la ilusión de creer que a medida que vamos viviendo y coleccionando experiencias, nos vamos completando. En realidad lo que sucede es que ya estamos completos y vamos viviendo diferentes experiencias vitales. Nada más. Basar nuestros actos en la falsa creencia de estar incompletos hace que estemos ansiosos, insatisfechos e infelices y provoca que lleguemos a la vejez o incluso a la muerte con la sensación de querer más o de arrepentirnos de lo no vivido.

El cambio que propongo desde este libro es el siguiente: siéntete como eres, es decir, completo. Ya lo tienes todo. Eres la posibilidad entre 4 trillones de existir. Tú ya estás aquí. ¿Crees que con esa probabilidad tan sumamente baja de nacer y estar en este mundo físico, la conciencia, Dios o quien te haya creado va a ser tan torpe de crearte incompleto?

No. Aquello que nos crea no tiene fallos. En cambio, lo creado, es decir, nosotros, sí podemos tenerlos. Uno de ellos es no darnos cuenta de mirarnos frente al espejo y ver la Plenitud y la perfección. Y, como he dicho antes, Ver la Calma.

Sí, esta es la clave del libro y me permito el gran lujo de decir que es la clave de la vida. ¿Qué sensación crees que se puede tener cuando ya se está completo? La sensación es similar a la que sientes cuando has hecho un buen trabajo y te sientes satisfecho. Digo que es similar porque lo que varía es la intensidad que se siente y, sobre todo, el sosiego y la calma que le acompañan. Al verte tal y como eres, es decir, completo, te das cuenta de la clave de la vida: la no necesidad de producción ni de mejora o, dicho en otras palabras, la aceptación total y absoluta.

Crees que algo puede salir mal porque piensas que algo está en un estado imperfecto y es tu deber, tu misión o incluso tu propósito, arreglarlo y devolverle a su estado natural o saludable. En este error ha caído la medicina occidental ya que ha pensado en el ser humano de un modo mecanicista en el que si falla un órgano o una parte del cuerpo, hay que arreglarla para devolverle a su estado natural: la salud. Lo que no ha visto esta corriente sanitaria es que el ser humano ya es sano por naturaleza y no tiene nada que arreglar. Lo único a arreglar es la Visión. El deber del médico es devolverle la confianza y el poder al paciente.

Ahora bien, no lleves al extremo estas palabras escritas. Si acude una persona a urgencias con el brazo roto, necesita una operación. Eso es así. A lo que me refiero es a que después de la operación, la medicina no puede intervenir para que los mecanismos naturales y biológicos del cuerpo hagan su función. Bueno, quizá sí puedan intervenir si atendemos a la etimología del verbo intervenir, pero los mecanismos médicos no van a poder ser nunca los precursores de que ese brazo consolide bien, o consolide mal. Si los mecanismos médicos fueran capaces de hacer eso, este hecho equivaldría a que la medicina sería creadora de materia.

Como sabes, esto no funciona así. La medicina ayuda a la materia a que reencuentre su camino hacia su propia naturaleza: la salud.

La persona con el brazo roto, o yo mismo cuando iba a entrar en el quirófano o cuando salí de él, podemos pensar que hemos perdido algo de salud o que estamos incompletos o rotos. En realidad, ni una cosa ni la otra. Seguimos teniendo absolutamente todas las piezas del puzzle porque el puzzle es lo que no vemos con los ojos, pero sí Vemos con el Sentir. Ese puzzle al que algunos se refieren como amor o conciencia y yo me he referido en este libro como calma, es el que siempre está completo. Desde el nacimiento hasta la muerte. Si ya estás completo, ¿qué puede salir mal?

Ahora te lanzo otra pregunta. Si ya estás completo, ¿qué sentido biológico tiene el miedo? Sentido biológico del miedo es la protección y la precaución; es el aviso o, más bien, el preaviso. En cambio, ¿somos únicamente biología? La respuesta es clara y sencilla: no.

Como no solamente somos biología, no debemos enfocarnos en el sentido biológico del miedo - *quizá de nada* - porque lo que haríamos sería crear miedo. Recuerda que la materia que va a suceder y vas a ver en tu vida aún no está creada. Por lo tanto, cuando estás enfocado en el miedo, es decir, estás enfocado en darle la espalda al espejo que te muestra lo que eres (amor, conciencia, calma), estarás a expensas de lo que ocurre en el mundo exterior, el cual, por desgracia, se rige por este "dar la espalda a lo que somos". Por este motivo, cuando encuentras una persona que realmente se Ve, sientes admiración por ella y algo se mueve dentro de ti para querer "ser como ella". En realidad, ya lo eres. Compartís exactamente lo mismo y no me refiero al material genético sino a Aquello que no vemos ni con el microscopio.

Siempre tienes la opción de mirar en la dirección correcta. Siempre es siempre. No hay ni un solo instante de tu vida en el que estés obligado a mirar hacia afuera sin mirar desde dentro. Repito: no hay ni un solo instante de tu vida en el que estés obligado a mirar hacia afuera sin mirar desde dentro.

Esto, traducido al símil que poníamos antes sería que has mirado tanto el espejo y te has reconocido, por fin, como amor, conciencia y calma que ya ves en todo lo que te rodea ese amor, conciencia y calma. Entonces, todas las acciones que realizas son las justas y necesarias. No te extravasas, no haces más de la cuenta, no das explicaciones, no te quejas, no estás con ansiedad de qué sucederá, no hay arrepentimiento de lo que podría haber sido.

Entonces, si todo esto es tan fácil y un chico de treinta y tantos años y sin ninguna repercusión mediática lo tiene tan claro, ¿por qué no se promulga a todo tipo de instituciones? Creo que es una buena pregunta porque yo no soy el más listo de la clase. Esto no trata de mí, tampoco de ti. Trata de ser calma, amor y conciencia.

Mira, hay que tener algunas cosas claras además de lo que ya hemos hablado. Al mirar hacia afuera sin saber desde dónde sale dicha mirada, surgen diferentes problemáticas. Una de ellas la descubrieron o incidieron en ella David Dunning y Justin Kruger. El efecto Dunning-Kruger se definiría como la tendencia que tiene una persona de baja habilidad a subestimarse y pensarse (y hacer pensar a los demás) que es mejor de lo que en realidad es.

Hago referencia a esta teoría porque es similar a lo que llevo exponiendo en el capítulo 9 y 10. Cuando dejamos de ver lo que en realidad somos tenemos la falsa necesidad de creernos más de lo que somos por aparentar y no "ser menos que los demás". No vemos la realidad. No vemos que somos todos absolutamente iguales en esencia y que la ilusión de que uno es mejor que otro (aunque sea en un área determinada) es solo eso, una ilusión. Las personas que son mejores que otras en unas áreas están aquí para colaborar con las otras personas. Me explico un poco más para que veamos en profundidad lo absurdo que es la comparación y la competitividad.

Si a mí se me da bien tratar física y emocionalmente a una persona, no quiere decir que se me dé bien arreglar un coche. Para arreglar el coche, iré al mecánico. Y el mecánico, para poner su cuerpo a punto, vendrá a mí. Aquí está existiendo una cooperación entre dos iguales. Exactamente igual en todos los aspectos de la vida.

Por eso, es absurdo querer aparentar una cosa que en realidad no eres porque socialmente esté mejor o peor visto. Es como si un tigre quisiera aparentar ser la víctima, cuando es el cazador. Al tener esta incongruencia y mantenerla en el tiempo, aparecerán diferentes síntomas, algunos físicos y otros emocionales, que te harán vivir una vida muy por debajo de lo que estás destinado a vivir. Cuando digo muy por debajo me refiero a la calidad, no a la cantidad. No voy a recurrir al típico ejemplo de ejecutivo millonario que se encuentra vacío porque eso es un cliché. En cambio, si voy a recurrir a la persona "Agrimony", la cual se pone una máscara para aparentar que todo en su vida va bien cuando en realidad no se encuentra a gusto consigo misma.

Agrimony es la primera flor de Bach y tiene el potencial de cambiar o mejorar esa situación, por eso hago referencia a ello.

La vida no está para ser fingida sino para ser vivida. Creemos que tenemos que hacer muchas cosas a lo largo del día y a lo largo de nuestra vida y en realidad no. Nos sucede lo mismo con las explicaciones que les damos a los demás y a nosotros mismos. Mira, te voy a contar algo más para ir terminando el capítulo y con ello el libro.

Te he contado en capítulos anteriores que tengo un don. Más bien, te he contado lo que Soy o, al menos, algunas de las peculiaridades que traigo a este mundo físico. Entre ellas está la mediumnidad. Este contacto constante con lo que podríamos denominar "el reino no visible" hace que cuando se me propone un plan sepa si ir o no ir tiene alguna relevancia. También me hace saber si es indiferente que vaya y, por lo tanto, puedo decidir si ir o no ir. Lo complicado viene cuando la cabeza entra en juego e intenta justificar o explicar por qué digo que sí o que no a un plan. Pongamos un ejemplo concreto.

En varias ocasiones he dicho que no iba a jugar al vóley playa. Te he comentado que es uno de mis deportes favoritos y de lo que más me divierte practicar. En cambio, ha habido multitud de ocasiones en las que he dicho que no al plan propuesto. Un día de sol en Santander no es algo que abunde, y si a eso le sumas el plan del vóley, ¿qué sentido tiene rechazar la oferta? Es un buen plan, ¿verdad?

Pues bien, la culpabilidad y la incertidumbre hacen su aparición. "¿Por qué no vas, David?" Este es el pensamiento que comienza a aparecer en mi cabeza. Todos tenemos estos pensamientos y sé por experiencia que no son agradables ni, sobre todo, útiles. Después de la culpa típica que acompaña a los siguientes pensamientos, los cuáles dicen algo así: "cómo no voy a ir con el día tan bueno que hace. Sería un pecado no ir. Además, va Fulanito o Menganito, hace mucho tiempo que no los veo".

Tras la culpa que llevan consigo estos pensamientos aparecen la incertidumbre y la duda: "si he sentido que no, es que no. Pero ¿por qué lo habré sentido? ¿Me lesionaría? ¿El clima se tuerce y comienza a llover? ¿Las redes están todas ocupadas?"

Por último, aparece la resolución cuando llega la hora - *o casi llega la hora* - y resulta que, efectivamente, el clima decidió cambiar de parecer y dejar de mostrar un sol brillante que se tornó en tormenta.

Este es un simple y tonto ejemplo de situaciones que me ocurren a menudo. Algunas menos trascendentales, como la que he expuesto, y otras más trascendentales como son decisiones laborales o personales que puedan marcar un antes y un después.

Con el paso del tiempo y de la práctica he conseguido ver que la mejor acción es la no explicación. Esto se consigue con confianza. Lo que siento viene guiado. No soy yo, como cabeza pensante de David, quien da las órdenes de guía. Yo soy guiado y como tal, mi función es dejarme llevar.

Vivimos con el miedo constante de quedar bien de cara a los demás. Si esto te preocupa, te pregunto lo siguiente: ¿no te da miedo quedar mal con la mano que te guía?

Claro, como a esta mano no la ves, no te da miedo dejarla de lado, ¿verdad? En realidad, miedo no te tiene que dar ni las represalias de las personas físicas que ves ni de las que no ves, ya que ese miedo viene creado de unas expectativas mentales de estar a la altura. Para ello, aunque parezca mentira, basta con mirarte al espejo y, una vez más, reconocerte como lo que eres: amor, conciencia, calma y, voy a añadir, confianza.

Las explicaciones deberían dejar de existir. Una explicación es una justificación mental de un hecho realizado. Pero si el hecho ya se ha realizado, ¿qué sentido tiene explicarlo? A buen entendedor, pocas palabras bastan, dice el refranero español.

Siendo fiel a dichas palabras, cuando te mantienes exento de explicaciones y justificaciones vives de manera diferente. Más ligero. Más calmado. Más en tu propio lugar.

En el caso que te he expuesto, si hubiese dicho que sí iba a jugar me hubiese fallado a mí mismo. Al tener esta sensibilidad que tengo, siento profundamente y muy arraigado en mí, la traición que es no hacer caso a lo que el guía me dice que debo hacer.

En mi vida he ido constantemente atropellado. Tomando decisiones o hablando demasiado rápido cuando la vida me pedía todo lo contrario. Lo que no me daba cuenta es lo que no se da cuenta muchas personas que viven en grandes ciudades: la vida siempre te pide calma porque es lo que te da.

Muchas personas que viven en grandes ciudades buscan escapar el fin de semana a lugares más tranquilos. Buscan el campo, la montaña, la playa, el pueblo. Si puede ser, cercano a su ciudad. Es decir, todos tenemos dentro una sabiduría que nos dice que la vida de ciudad no es natural y, por lo tanto, tampoco es buena para nosotros.

En la sociedad de hoy en día, los medios de comunicación, los gobiernos y por ende, la mayoría de los ciudadanos de las ciudades occidentales, se fijan en índices erróneos para determinar qué es bueno y qué es malo. Hay un índice que en un país pequeño como Bután, marca la diferencia. El índice que miden allí es el de la felicidad.

En occidente se debate sobre qué es la felicidad cuando todos se han sentido felices alguna vez - *por este motivo siento que definir la felicidad es absurdo* - y, a pesar de eso, lo olvidan. A pesar de haber sentido felicidad en algún momento de su vida, el ciudadano promedio prefiere estudiar diferentes culturas y a diferentes personas para saber qué hacen para ser felices. Si no les conviene lo que descubren, lo desechan y menosprecian a quienes han estudiado.

La felicidad es mucho menos compleja. La felicidad es un estado natural del ser humano y del cuerpo del ser humano. Lo natural es sentirse feliz, ligero, liviano.

En Bután, un país asiático situado entre India, Nepal (Katmandú) y China, se habla del valor de la Felicidad Interior Bruta. En Bután se han tomado enserio frenar la globalización o, más bien, controlarla. Saben que no todo lo que reluce es oro. Por ejemplo, la televisión llegó al país en el año 1999, mientras que el España llegó en el 1956. Las mejores cosas de la vida se cocinan a fuego lento y aquí sucede exactamente lo mismo: el desastre se coció lentamente.

La televisión permite la comparación. Ves en la televisión una figura masculina y/o femenina que te va a invitar a hacer ciertas cosas. Les puedes ver en un programa de preguntas y respuestas, en el telediario o en deportes. Y, por probabilidad estadística, tu físico o el de tu pareja no se parecerá al físico de las personas que salen en televisión.

Este ejemplo lo pongo por referirme a un solo área del ser humano: el cuerpo físico. En Kinesiología se habla de cuatro grandes áreas: la estructura o física, la metabólica o bioquímica, la emocional y la energética. En todas ellas influye la llegada de la televisión/globalización/colonización que hemos visto en los primeros temas de este libro y que en Bután evitaron hasta el 1999.

Lo que Bután notó a partir del año 1999 fue un incremento en los divorcios. Algo inaudito hasta entonces. Este dato es, cuanto menos, curioso, ¿verdad? ¿Por qué será?

Nos hacen creer por diferentes medios que una operación de cirugía estética sin haber un daño previo en el tejido es buena para la autoestima. Nos hacen creer que es mejor que nos echemos 5 cremas al día. También, que comas el superalimento de turno. Y todo ello, ¿para qué? La naturaleza nos dice que no necesitamos absolutamente nada de todo eso. Literalmente, nada.

En Bután lo supieron y sufrieron las consecuencias cuando permitieron la entrada. Es cierto que lo han hecho mucho mejor que otros países ya que han moderado mucho esa globalización. Esto les ha permitido, no solamente ser más felices, sino crecer económicamente. Es lógico pensar que si mantienes tu cultura y mantienes a raya que otros vengan a incomodarte, tu economía tenga una subida exponencial y mínimamente gradual. Es decir, la economía crecerá poco a poco sin necesidad de poder ni ansia por parte de los dirigentes de crecer pensando tienen que ser más que los demás.

Bután ya no se encuentra en lo alto de la pirámide de la felicidad, sino que se encuentra Finlandia. Un país donde en las escuelas, por regla general, los niños juegan; tienen acceso a zonas naturales y, no solo eso sino que las disfrutan; tienen confianza los unos en los otros (sentido de comunidad) y hacia los gobernantes que miran por ellos y no por su propio ombligo.

Todo este tema de Bután, Finlandia o cualquier otro lugar donde haya gente feliz es merecedor de estar en este libro porque las personas felices actúan sabiendo que todo irá bien. Si tú sabes que tienes una red, una persona, una institución o lo que sea que pienses que te apoya, te escucha y/o te sostiene, eres capaz de actuar desde tu verdadera esencia. Cuando mantienes la ilusión de separación te sientes solo y, desde la soledad, solo puedes llevar contigo mismo la enfermedad, ya que pertenece al mundo de la separación.

Con estas palabras quizá esté sonando muy duro y puedas pensar lo contrario, que si solo actúas desde tu esencia nunca tendrás enfermedad. Siento mucho si parece que estoy diciendo eso y siento mucho si te llevo a pensar así. No es mi intención, ni la intención del libro. Vale la pena aclararlo. La enfermedad, como el dolor, tiene muchas aristas y aún no las conocemos todas. Lo que te puedo garantizar es que es recomendable diferenciar entre enfermedad de alma y enfermedad física, y entre enfermedad que realmente debo padecer en vida y enfermedad que, por mi estilo de vida, padezco.

Llamo enfermedad, en este caso, a la pereza. Me sirve de ejemplo para ilustrar el anterior párrafo. Si durante mi infancia he vivido y he visto situaciones a mi alrededor de pereza en las que a mis personas de referencia (padres, profesores, amigos de ellos, etc) se les propone hacer una cosa o se les invita a ir a algún sitio o se les pide ayuda o un favor, y ellos responden "ya lo haré mañana" o ponen malas caras, se queda el poso en uno mismo de que la pereza es la interacción que deben tener.

Años después, esa persona puede descubrir que así es como actuaban esos referentes pero que él o ella no tiene por qué actuar así. De ese modo, cambiará y mirará dentro de sí mismo - *o bien se servirá del espejo que nombrábamos* - y se reconocerá. Verá que un referente es alguien en donde posamos nuestros ojos y que eso no equivale ni a hacerle caso ni a seguir sus pasos. Simplemente es una persona que hemos observado.

Aquí, antropológicamente hablando, la cultura y la sociedad tiene mucho que decir y es algo que casi llevamos grabado en el ADN de tantas generaciones que han tenido esta idea de manera perenne en su cultura. Me estoy refiriendo a la idea de que nuestros padres son personas importantes para nosotros. Aquí, me gustaría dejar claro lo primero: claro que lo son. Pero me gustaría puntualizar que no siempre es así y procedo a explicarme.

Si pensamos que estamos separados y que solo hay esta vida, si pensamos que solo existe lo material o lo físico, es lógico pensar que como venimos de papá y de mamá son las dos personas más importantes en nuestra vida. Lo malo es que este plan hace aguas cuando o bien papá, o bien mamá, o bien ambos...son un auténtico desastre y nos abandonan de pequeños, nos dan en adopción o hemos sido fruto de una relación sentimental no consensuada.

¿Por qué digo que hace aguas el plan? Porque una verdad, para ser Verdad, se tiene que cumplir en el 100% de los casos. La vida me ha mostrado en muchas ocasiones que hay muchas personas que no son hijos de sus padres, ya sean físicos o de alma. E, incluso, me ha mostrado que hijos que llamamos socialmente adoptados, han sido adoptados por sus padres de alma. Esto es maravilloso porque se han juntado en vida física los que ya eran parientes arriba.

Y, voy más allá. En ese reino no físico, en el que no vemos, ¿existen parentescos? Lo que he percibido al escribir estas líneas es que sí, pero no tal y como los entendemos aquí. Allí no hay amarres ni deudas entre las personas (almas). Allí una relación es pura. Como tal, aquí se mantienen puras cuando se encuentran dos almas que en ese reino también están juntas o tienen algún tipo de parentesco.

¿Cuántas veces te ha sucedido en esta vida de tener una conexión bestial con una persona y no saber por qué? Incluso si con esa persona se supone que deberías de tener una enemistad o no has tenido apenas relación, hay algo que os une y no sabéis qué es. Aquí está resuelto tu misterio. Ahora bien, el tipo de parentesco es indiferente; simplemente os habéis juntado porque sois dos personas importantes la una para la otra. Disfrútalo.

Vuelvo al tema de los padres. Me gustaría que se entienda bien este punto ya que es un tema delicado. Todo lo que se marque culturalmente hablando va a tener pros y va a tener contras, porque la cultura depende del ser humano físico por lo que puede fallar. En diversas culturas se sigue manteniendo la jerarquía. Esto implica, simplemente, respeto hacia los mayores y aprendizaje. Y, por parte de los mayores, implica protección y educación para con los menores. ¿Cuántas veces son los adultos los que se saltan sus obligaciones? Ni tienen respeto por los niños ni les educan ni les enseñan. En cambio, les regañan y les ordenan, y, después, se justifican ante los demás creyéndose sus propias mentiras.

Entiéndeme por dónde voy. Claro que a veces se podrá regañar y ordenar, pero no es justificable que la educación se base en eso. La educación es respeto y ejemplo.

Entonces, siguiendo con el tema, nuestros padres son nuestros referentes o, al menos, eso se nos ha hecho creer desde tiempos inmemorables. Son personas importantes, sí. Pero ¿seguro que deben ser nuestros referentes? No. La respuesta es clara, fácil y sencilla. Y lo mejor de todo es lo siguiente: no hay nada de malo porque no lo sean.

Ahora que parece muy descabellado lo que acabo de comentar, tienes ejemplos en la vida diaria de lo que te acabo de comentar. Solo te hace falta ojear el periódico deportivo y ver qué relación tenía tu jugador favorito con sus padres. Ahora dime si siguió sus pasos. Muy probablemente, tu jugador favorito no tenía un padre que fuera jugador de fútbol o de baloncesto. No siguió sus pasos. Ahora me dirás que quizá en la educación sí y te volveré a lanzar la misma pregunta: ¿cuántos de ellos han seguido las enseñanzas de sus padres?

Esto te lo cuento para que sepas dos cosas. La primera es que tus referentes, una vez más, no se ven. Todos estamos guiados por, llamémosles personas (no son personas), que no vemos, pero sí sentimos. Además, las sentimos con certeza aunque a veces lo llamemos intuición. Y la segunda es para intentar hacerte ver que cuando estamos acompañados y nos sentimos sostenidos o escuchados somos capaces de sacar nuestro máximo potencial.

Una persona acudió a consulta hace tiempo. Estaba atravesando una época de bastante ansiedad y estrés por preocupaciones económicas. No tenía problemas para llegar a fin de mes pero tenía una deuda contraída en el banco desde hacía algún tiempo. Le agobiaba esa devolución, el ser capaz de ganar lo suficiente como para pagar ese gasto extra y poder vivir de manera relajada. No era una persona que le gustara derrochar, pero sí quería vivir de manera tranquila. Pues bien, esta persona se sentía sola. Todo cambió cuando en consulta apareció este sentimiento de soledad. No hubo ninguna recomendación por mi parte. Esta persona, ella sola durante la sesión, supo con qué dos personas querían hablar al salir. Lo hizo. Habló con ellas y no solo se sintió mejor sino que se dio cuenta y fue capaz de ver - *y de Ver* - que no estaba sola. Esto fue importante para esta persona porque a raíz de eso comenzó a Ver con nitidez que el sentimiento de soledad se debió a cerrar los ojos ante lo evidente: siempre había estado acompañada, siempre había tenido dentro de sí la certeza. Todo iría bien.

A día de hoy, esta persona me está agradecida cuando yo no hice nada por ella. Simplemente le serví de apoyo para que viera lo que necesitara Ver, y lo Vio. El camino lo recorrió ella y me alegro de que lo hiciera. No hay que tener valentía para recorrer dicho camino porque dicho camino, igual que a esta persona, se nos aparece casi como una obligación, como un mandato que viene desde el más profundo cariño y amor. No veas la palabra obligación como algo negativo en este caso.

A día de hoy, esta persona sigue manteniendo contacto conmigo y recordando aquel día porque ese día, su vida cambió. Esta persona dice que fue por la sesión. Yo sé que no. Ese día supo que no estaba sola y gracias a eso, pudo Ver su Certeza, su Calma, su Amor, su Conciencia. Se Vio a sí misma.

Conclusiones

Para terminar, me parece que este caso real es un buen cierre para este camino que hemos recorrido juntos a lo largo de este libro.

No te voy a dar consejos porque los consejos son palabras vacías que no sirven de nada. Si tuviera que recomendar, te recomendaría que te Veas. Para Verte, cierra los ojos. Nunca te verás con los ojos abiertos o, mejor dicho, solo verás una pequeña parte de ti. Eres mucho más que eso.

Ten la certeza de que todo saldrá bien. Está escrito. La ilusión de que algo pueda salir mal es simplemente eso: una ilusión. Nunca saldrás derrotado si eres capaz de actuar desde el Calma. Y esta Calma es algo que eres, por lo tanto, nunca saldrás derrotado.

Agradecimientos

La palabra agradecimiento proviene del latín. En dicho lenguaje, no había palabra como tal para lo que llamamos *agradecimiento* pero sí se tiene una palabra para la gratitud y es *gratitudo*. Esta palabra significa *cualidad* y, si la sumamos a *gratus*, que es la palabra cuyo significado es *agradecido*, obtenemos la palabra agradecimiento. Así, cuando estamos agradecidos estamos destacando una cualidad de agradecido o agradable.

Intentaré no olvidarme a nadie pero, sinceramente, siento que será imposible. Destaco muchas cosas agradables de todas las personas a las que conozco.

Comenzaré este apartado diciendo que este libro habla de certezas por lo que el apartado dedicado a los agradecimientos no puede comenzar de otra manera que agradeciendo a la certeza más grande que he vivido hasta la fecha: Sofía. Los atributos que pueda dedicarle en estas líneas siempre van a quedarse pequeños si pudiéramos observar verdaderamente cómo es. Aun así, hago un vago intento de destacar su bondad, buen hacer, paciencia, apoyo y amor. Es verdaderamente imposible que algo salga mal si ella está presente. Es inspiración constante. Gracias amor.

Seguir con mis padres es una obviedad y no por eso hay que dejar de darles las gracias. Me dieron esta vida física y terrenal y con los años he sido más consciente del amor que sienten hacia mí y yo hacia ellos. Típicas - *que no normales* - luchas o reclamos de hijo a padres o viceversa, con el tiempo he entendido que eran absurdas. No tenían sentido porque lo que en realidad había detrás de eso era la palabra amor. He vivido situaciones que me han hecho ver el verdadero amor que había en mi casa desde pequeño, incluso en su ausencia por estar trabajando.

Mi hermana, la gran persona. En esa ausencia parental a causa del trabajo, mi hermana la ocupó y, manteniendo su lugar de hermana, supo darme todo el afecto, cariño y amor que necesité para formarme como persona. Noelia dejó de ser una canción de Nino Bravo para convertirse en un pilar fundamental de mi persona. Gracias hermanita.

Mi tío José María, reflejo y espejo al que mirar. Nos parecemos tanto física como emocionalmente. Mi referencia en muchos ámbitos de la vida y una persona a la que no quiero decepcionar. Sé que no lo estoy haciendo pero aun así, me sirve de inspiración. El universo, Dios, la Inteligencia o el nombre que quieras ponerle, es lo más sabio que existe y si ha tenido a bien ponerme a estas personas como mi familia, lo único que puedo sentir es agradecimiento.

Mi abuela María, genio y figura como ella sola. La valentía que tiene mi abuela no la he visto ni en las mejores películas. Guerras, hambrunas y, a pesar de eso, cría a dos maravillosas personas y se hace cargo de los nietos y bisnietos cuando hace falta. A sus 95 años aún hace labores de la huerta y es completamente independiente. Y, sobre todo, conserva el buen humor y las bromas. Cada vez que estoy a su lado es un regalo, como lo es desde que nací. Fue la primera persona que me sostuvo cuando llegué al mundo. Eso tiene que marcar, ¿no crees?

Mi tío Frutos. Puede que haya sido, sin categorizar, es decir, sin menospreciar a nadie de todos los que estoy agradecido - *tanto si están aquí escritos como si se me olvidan* - mi persona favorita. Desde el 2017 no está con nosotros y le sigo sintiendo tan fuerte como si estuviera. Ejemplo de aceptación y simplicidad. Me acompaña cada día para cualquier decisión que tome o cualquier vicisitud que tenga. Te siento cada día, tío.

En este libro de certezas, no se me pueden olvidar personas que han ido apareciendo de manera gradual en mi vida. Personas que tenían un rango diferente al mío y que supimos vernos como lo que en realidad somos: seres, personas. El ego no estaba presente y conectamos. Quiero nombrar a alguna de estas personas aunque soy tan afortunado que tengo más personas cercanas y seguramente se me olvide alguna.

Isidro Fernández, profesor del master de fisioterapia deportiva que hice allá por el 2010-2011, y que con los años nos reencontramos y forjamos una amistad que me aporta tanto que no puedo describir con palabras. Isidro, su mujer Merche, y sus hijos, son una parada obligatoria cada vez que visito Madrid. Sois una suerte en la vida de cualquier persona y estoy inmensamente agradecido de conoceros.

Javier Samaniego, alumno de un curso de Kinesiología que compartí en Madrid. Persona entrañable y con las cosas claras. Si alguien personifica la certeza, es él. Y cuando duda, me pregunta a mí y hace que parezca que él ya lo sabía. Me encantan nuestras conversaciones, nuestras certezas, nuestros antiguos cocktails, nuestras risas macabras y nuestras confidencias. Pase el tiempo que pase, nos da igual. Siempre estamos cerca. Muy agradecido de tener la certeza de tu amistad. Una amistad sincera y sin filtros. De las buenas. De las de toda la vida. Una gran suerte encontrarle en esta vida.

Con ellos dos cierro el círculo de los supuestos egos y categorías que marca la sociedad para romper dicho mito y ver que somos personas, no rangos, categorías o diferentes chorradas que nos han inculcado.

María Bartolomé, la maestría hecha persona. Persona con un corazón tan grande que ha tenido que elevar su propia marca y formación para poder dar amor cada vez a más personas en forma de tratamientos, consejos y su maravillosa formación. Nos conocemos desde hace más de una década y recuerdo como si fuera ayer cada conversación. Agradecido es poco. Sé que nos volveremos a encontrar en otra vida. Tengo la certeza.

Javier Casares, persona con un aura especial. Fue de las primeras personas que conocí al llegar a Santander y conectamos desde el primer día. Estuvimos un tiempo de distanciamiento debido a que tiendo a ser bastante independiente pero en el momento en el que volvimos a retomar contacto nos hicimos inseparables. Nuestros paseos por la playa hablando y filosofando marcan época. Lo que se Vemos en un solo paseo hay personas que las "paquetiza" y las vende por miles de euros. Nosotros, en un par de horas con baño incluido en el mar Cantábrico, las vemos en el calor de la amistad y seguimos evolucionando juntos. Gracias Javi.

Mónica Gallo, un auténtico descubrimiento. Leona por naturaleza, Mónica es y tiene una fuerza sobrenatural. Puro corazón e intuición. En pocas personas en el mundo podrás confiar tanto. Con su templanza es capaz de hacerte caer en cosas que antes no veías. Me alegra haber ido un día a tu encuentro de meditación a pesar de que yo creyera que iba a clase de yoga y, desde entonces, atreverme a decirte qué energía tenías y que nos hayamos convertido en verdaderos amigos. Gracias por ser y estar.

Agradecer a mis amigos Rosa, Andrés y Alfon por estar siempre, bajo cualquier circunstancia. En el capítulo 10 te hablo de la importancia de saberte sostenido y ellos, siempre, siempre, siempre, me sostienen. No vivir en la misma ciudad puede parecer una limitación y, en cambio, con ellos, siempre es fácil verse y sentirse cerca. Para mí, es una maravilla su amistad, sana, sincera y duradera (son más de 15 años).

También agradecer a cada persona que ha pasado por mi vida, tanto si sigue en ella como si no. Cada momento de lucidez que tengo con cada interacción diaria para mí supone un gran aprendizaje y agradecimiento. Esto es la vida y por ello estoy inmensamente agradecido de ser una de las casi 8 mil millones de personas existentes a día de hoy en el mundo. ¿Por qué no disfrutarlo?

Por supuesto, me gustaría dedicar unas palabras al equipo de Europa Editorial por haber confiado en que este libro viera la luz. Su respuesta fue prácticamente inmediata y salió todo rodado. Espero que a ti, lector, lectora, también te lo parezca y llegue a Tocar de alguna manera tu corazón.

Por último, agradecer a Dios. Me voy a permitir la licencia de "encasillar" a Aquello que no Veo pero sí Siento en cada sesión - *y a cada minuto* - ya sea individual o grupal. Tras una sesión en la que compartí una charla de autoconocimiento Real y tuvimos una sesión de círculo de mensajes, vino Dios a darme las gracias por haber Tocado a las personas que estuvieron. Mi contestación, entre lágrimas, fue la siguiente: *gracias a Ti, yo no he hecho nada que tú no dijeras*. Y le vi sonreír.

Sé que estas últimas palabras pueden sonar raras o diferentes. Si yo no hubiera vivido esto, no lo estaría escribiendo. Mi lenguaje me permite contarlo de esta manera, sin categorizar ni asegurar nada más que mi propia experiencia. Espero que, si lo lees, te remueva lo justo y necesario.

PD: Las gracias o el agradecimiento más importante va para ti, lector, lectora. Tú te has dado el permiso necesario para parar, observar y actuar. Tú te has dado el permiso de adquirir este libro entre la inmensa cantidad de los que hay hoy en día. Tú te has dado permiso de observar otra realidad y no la que te están contando a través de diferentes medios. Tú has sido él o la valiente de leer esta otra perspectiva que, sin sonar arrogante, intransigente o inflexible, te puedo asegurar por lo vivido y demostrado que es La Realidad.

Por eso, mi más sincera enhorabuena y agradecimiento hacia ti.

Espero que nos veamos pronto.

ÍNDICE